ポール・コリアー

収奪の星

天然資源と貧困削減の経済学

村井章子訳

みすず書房

THE PLUNDERED PLANET

How to Reconcile Prosperity with Nature

by

Paul Collier

First published by Allen Lane, 2010

損なわれた自然についてすでにいくらか知り始めた一歳のステファニーと三歳のアレキサンダーに
君たちは、私たちが残す自然の資産と負債を受け継ぐことになる

収奪の星◆目次

はじめに

私は、自然というものがまだ発見されていない時代に育った。今日では、先進国が自然を適切に管理してこなかったことが広く認識されている。そうした認識はブログに綴られ、会議で取り上げられるほか、「環境学習」が学校のカリキュラムでも重要な地位を占めている。だが私が学校に通っていた頃は、「環境学習」とは言わずに「自然学習」と呼ばれており、みんなその時間は居眠りしていたものだ。大学では、自然が傷つけられていることに気づく学生もいたが、私は世界の貧困と抑圧という悲劇の方に関心を抱くようになっていた。いまの私に開かれている機会に両親の世代は手が届かなかったように、世界の貧しい人々も貧困から脱する機会が決定的に欠けている。

かつての環境保護主義は、当然のごとく繁栄を享受している人たちの免罪符のようなものだった。現代では、自然の秩序の回復と世界の貧困の撲滅が二つの最重要課題となっている。どちらにも熱心な支持者がおり、両者が対立することもめずらしくない。先進国では、大勢の環境保護主義者が繁栄の拡大に警鐘を鳴らし、このままでは地球は破滅すると主張している。これに対して最底辺の一〇億人の国々を始めとする貧困国では、多くの人が環境保護主義に懐疑的で、富裕国ははしごを外そうとしているのだと感じている。私自身は、遅ればせながら自然の重要性に気づき、世界の繁栄の追求と自然に対する倫理的な取り組みとを調和させようと格闘してきた。本書は、その格闘を形にしたものである。ニコラス・スターンが指摘するとおり、どちらかの課題に失敗したら、両方に失敗することになる。自然の管理が放棄されたままでいることを容認するなら、貧困の撲滅はできないだろう。また世界の一部が取り残されたままなら、自然の管理に必要な国際協調は実現しないだろう。しかしこの二つの課題は、共倒れの危険をはらむという以上に、密接に結びついている。自然は、責任を持って管理すれば子孫の代に繁栄をもたらしてくれるという点で、最貧国にとっては重要な資産である。しかし、性急に繁栄を追い求めるなら、自然の略奪につながりかねない。責任を持って管理し自然の秩序が回復されるなら、自然は人類に繁栄をもたらすかもしれないが、繁栄が自然の秩序を実現するかと言えば、そうではない。

今日の世界では、繁栄と略奪のせめぎ合いが表面化している。世界が貪欲に原料を求めた結果、天然資源と食料の価格はかつてない水準に押し上げられ、グローバル金融危機が起きるまでそれが続いた。資源価格の高騰に煽られて各国はアフリカに殺到し、この地域にどっと資金が流れ込んでいる。新興市場経済の雄である中国は、植民地主義という余計な荷物を持たずにアフリカにやって来た。実際、最底辺の国の多くは、長らく中国を仲間と見なしてきたものである。だが富裕国の目から見れば、中国のアフリカ進出は好ましからぬ競争相手の出現にほかならないうえ、同地の資源採取産業の統治改革に向けた各国の努力を台無しにする恐れもある。アフリカの資源採取を巡っては、数十年にわたり汚職と権力濫用が続いてきたが、中国の国家主席は各国を行脚し、「私たちは都合の悪い質問は何もしない」というメッセージを送り続けた。中国は、連綿と続いてきた植民地主義のくびきから最底辺の一〇億人をついに解放するのだろうか。それとも、おぞましい過去に再び突き落とすのだろうか。

新興市場国は国外では資源を買い上げ、国内では二酸化炭素を排出している。中国は今後二〇年にわたり、イギリスの発電所総数を上回る数の発電所を毎年建設する計画で、排出される炭素は地球温暖化を加速しかねない。しかもこの脅威は、同国にとって思わぬ利益の源泉になりそうである。新たに導入されたクリーン開発メカニズムの下では、中国企業は排出量を本来の水準以下に抑えたことに対して「ご褒美」を払ってもらえるからだ。新興市場国の立場からすれば、最富裕国がいまさらのように環境汚染を心配するのは偽善でしかない。自分たちは、富裕国がすでにやったことをやっているに過ぎない。富裕国が新興市場国に行いを改めてほしいなら、そのコストは富裕国が引き受けるべきではないか……。

富裕国では、天然資源が枯渇し気候変動が深刻化するのを目の当たりにして、アルマゲドンのイメージが呼び覚まされている。人類は自然との関わりを悔い改め消費を大幅に減らすべきだと信じている夢想家肌の環境保護主義者にとって、こうした傾向はまことに好ましい。世界の産業資本主義にはついに天罰が下り、自己矛盾に足をすくわれて奈落の底に沈んだ、と彼らは主張する。チャールズ皇太子から街頭の抗議運動家にいたるまで、夢見る環境保護主義者たちは、自然と調和した暮らしに回帰する未来を待ち望んでいる。彼らにとって未来のライフスタイルを彩るキーワードは、オーガニック、ホリスティック、自給自足、地産地消、スモールライフといったものだ。先進国の住人はライフスタイルを完全に変えなければならないだけでなく、懺悔しなければならない。自然を破壊し地球の温暖化を招いたことについて、先進国以外の国々に償いをしなければならないのである。

夢見る環境保護主義者の対極に位置づけられるのが、地球の実態を見ようとしない現実逃避者である。この人たちにとって、天然資源の争奪戦で大事なのは勝つことであり、資源採取産業の改革などに拘泥していたら、中国に契約をさらわれるだけだという。炭素の排出削減はライフスタイルを不必要に圧迫する、気候変動が深刻化するとは限らない、どのみち将来世代は将来世代でどうにかするだろう、というのが現実逃避者の言い分である。夢想家も現実逃避者も、どちらも半分は正しい。

先進国はひどくまちがったやり方で自然に接してきており、その行動や習慣には弁解の余地がないとする点で、夢想家は正しい。一方、自然について言われていることの多くは滑稽なほど偽善的であり、一方的に富裕国を悪玉、他国を犠牲者と決めつけているとする点で、現実逃避者は正しい。こうした決めつけは不当かつ非生産的であり、問題解決にぜひとも参加すべき国々を、先進国からの援助をひたすら待つだけの存在に堕落させた。

だが夢想家も現実逃避者も、半分はまちがっている。どちらも、方法こそちがうが、人類を消滅させてしまうだろう。夢想家のやり方では世界は窮乏し、現実逃避者のやり方では温暖化が加速する。夢見る環境保護主義者の存在は世界の農業にとって重大な脅威であり、現実逃避者は資源の略奪に加担している。本書で取り上げるように、資源を巡る一連の決定は、偏狭な自己利益にとらわれず、世界の貧困と将来世代の両方に対する責任を持って下さなければならない。本書の読者には、近代性や倫理規範を頭から否定しないでほしいと思う。自然を元通りの姿に維持する義務についてくどくどと説教されるのにはいくらか辟易しているものの、むやみに威勢よく自然を巡る問題を軽視するのは虚勢に過ぎないと見抜いている、そんな人たちを思い浮かべながら、私はこの本を書いた。

大切な自然を私たちは台無しにしている。これによって最も痛手を被るのは、世界で最も貧しい人々である。この人たちにとって、この状況には生死に関わるような機会と脅威の両方が潜んでいる。どうすれば自然を保存できるかを論じることは、本書の目的ではない。自然をどのように活用すれば、先進国に過大な要求をすることなく貧しい国々の現状を変えられるか——これが、本書のテーマである。過大か妥当かの基準としては、先進国に利他心のみを求めるのは過大であるが、利他心と自己利益の釣り合いを求めるなら妥当だと考える。実際にも大半の人が、両者のバランスをとりながら日常生活を営んでいるのではないだろうか。

自然は最底辺の一〇億人の国々に、膨大な価値を持つ自然資産の形で機会を提供している。二〇〇五—〇八年の資源ブームの際には、石油だけに限っても、これらの国々で約一兆ドル相当が採掘された。新たな収入がこれだけあれば、社会は変えられたはずである。なにしろこのときの資金流入ラッシュは、一九七〇年代の資源ブームを大規模に再現したようなものだったのだから。だがいまでは多くの人が、せっかくのチャンスは潰え、資源収入は略奪されたという苦い現実に気づいている。一部は外国企業に、一部は汚れた政治家に、そして一部はよくある目先の利益追求によって略奪された。略奪はときに破壊的な形をとり、機会を悲劇に変えてしまうこともある。本書でこれから述べるように、二〇〇五—〇八年の資源収入でさえ、本来得られるはずだった収入に比べれば、わずかなものでしかない。ここで重要なのは、こうした収入が雲散霧消してしまわないよう、政治や社会を変えることである。

二〇〇五―〇八年の資源ブームは大きなチャンスではあったが、諸刃の剣でもあった。基礎食料価格の高騰で痛手を被ったのは、世界で最も弱い立場の人々である。沿岸部の大都市のスラムに住む人々は、国際市場価格で食料品を買う。物価が高騰する前でさえ、彼らの収入の半分は食費に充てられており、何とか食いつないでいるという状況だった。腹をすかせたスラムの住人は、何世紀も前から政治に対する不満分子だったが、そこに食料価格の高騰が起きたものだから、各国の首都は暴動に見舞われ、ハイチのように政府が倒されるケースもあった。世界の農業は、需要に追いつけなくなっているのである。

食料の供給不足に追い討ちをかけたのが、気候変動である。最底辺の一〇億人にとって、これはけっして緩慢な現象ではない。彼らはもともと暑すぎる地域に住んでおり、地球上でまっさきにこの問題に直面する。多くのモデルが、最底辺の一〇億人が暮らす地域の気候は、他のどの地域よりもハイペースで、かつ大幅に悪化すると予想している。この人たちの大半が住むアフリカでは、すでに気候は一段と苛酷になっており、これらの国々は二重の危険にさらされている。気候の悪化が世界で最も激しいことに加え、農業中心の経済は、工業・サービス中心の先進国経済に比べ、はるかに気候の影響を受けやすいからだ。

それでもこの状況は、最底辺の一〇億人の国々に大きな機会をもたらすとも言える。そもそも気候変動が起きたのは、自然の負債、この場合には二酸化炭素を野放図に蓄積してきたからである。だが最底辺の一〇億人は、貧しいがゆえに、ほとんど炭素を排出しない。そこで国際的な取り決めに従い、彼らは富裕国の過去の排出量に対応する排出権を獲得できる。この権利は売ることができるので、これらの国にとって新たな自然資産となるだろう。

さらに、機会が脅威を上回る可能性もある。自然がもたらす脅威はけっして内在的なものではなく、多くの自然資産がひんぱんに略奪されるから発生するのである。略奪は経済的な行為であり、まちがった誘因が存在するとき、将来世代のことを顧慮せずに自然資産が使い果たされ、自然負債が蓄積される。そして経済的行為であるならば、原因を分析し阻止することができるはずだ。

理想の世界では、最底辺の一〇億人の国それぞれに研究センターが設置されて、こうした問題への取り組みが進められていることだろう（もっとも理想の世界には、最底辺の一〇億人は存在していないはずだが）。しかし現実にはこれらの国の大学は、予算が乏しいため世界の学界で重要な地位を占めることができず、優秀な研究者は富裕国の研究所に引き抜かれてしまう。こうしたわけで、貧困の撲滅や自然の活用に関する主だった研究は、北米やヨーロッパの少数の大学に集中している。

オックスフォードはそうした研究が進んでいる大学の一つで、世界各国から研究者が集まっている。私自身の研究チームに参加する若い研究者たちもそうだ。ステファン・デルコンはベルギー、ベネディクト・ゴデリスはオランダ、アンケ・ホーファーはドイツ、ビクター・デービスはシエラレオネ、リサ・ショーベとマルグリット・デュポンシェルはフランス、クリス・アダムは私と同じくイギリス出身である。本書の多くの部分は、彼らの研究に基づいている。とは言え本書の質を大いに高めてくれたのは、同僚のトニー・ベナブルズである。本書に示したアイデアのほとんどは、トニーと一緒に練り上げたものか、トニーとの議論の中から生まれた。ただしアイデアを出したのがトニーでも、形にしたときに誤りがあるとすれば、それはすべて私の責任である。最初のアイデアは、経済研究の場から生まれただけに精密だが難解なものだったので、私は専門家以外の人にも読んで理解できるものにしようと試みた。

本を書くには、静かに考える時間が必要である。だが思いがけずアレックスとステファニーという二人の子供が生まれたおかげで、私たちの生活には楽しい無秩序が持ち込まれた。この無秩序の中でこの本を完成させることができたのは、妻のポーリンが私のために小さな砦を確保してくれたおかげである。しかもポーリンは環境歴史学者なので、彼女のアイデアを「略奪」することもできた。実際、私たちの結婚は、本書の大きなテーマを体現すると言えるかもしれない。それは、環境保護主義者と経済学者が手を結んで問題解決をめざすというテーマである。

第1部　自然の倫理

第1章　貧困と略奪

最底辺の一〇億人は、世界の繁栄から取り残されている。この一〇億の人々は貧困の中にいる。彼らの子供たちも同じ運命をたどるのか――現在の問題は、そこに尽きると言えよう。世界の多くの国は工業化を通じて貧困から脱したが、後発国がこの方法を採るのは、先行した国よりはるかにむずかしいことがわかっている。工業はグローバル化しており、巨大な規模と低賃金を誇る中国の競争力が新規参入者の前に立ちはだかるからだ。かといって、農業で勝負するのも期待薄である。最底辺の人々の大半が暮らすアフリカは、すでに現時点で農業生産性が国際標準を大幅に下回っている。しかも地球の温暖化によってアフリカの暑さと乾燥はいっそう進行し、この差はさらに拡がるだろう。その一方で、いまは寒すぎて耕作に適さない北米やユーラシアの広大な地域が暖かくなる見通しだ。援助も、問題解決にはなるまい。援助に対しては、ときにはもっともな理由から、ときには先進国の財政赤字を解消する目的から、批判の声が高まっている。

最底辺の一〇億人の国々にとって、自然は命綱である。自然は、一〇億人の多くを貧困から救い出す可能性を秘めている。だが自然は与しやすい相手ではない。人類が生まれたのは果実がたわわに実るエデンの園ではなく、きびしい環境であり、人口がごく少なかった頃でも生き延びるのはむずかしかった。やがて技術が進歩するにつれ、自然界は人間にとって次第に有用なものになっていった。技術は自然を資産に変えたのである。とは言え技術は、資産が社会に価値をもたらす可能性を生むに過ぎない。自然資産には本来的な持ち主がいないため、自然が価値を持つようになると所有権を巡る争いが起き、せっかくの価値が浪費されてきた。先史時代の争いは、暴力によるものだった。人類学者の中には、当時の死者の約四割はそうした争いの犠牲者だったという人もいる。技術的な発見や発明によって自然現象に価値が付加されれば、紛争が起きるのは避けられなかった。フリント（石英の一種）が火打ち石として使えるという発見は、その一例である。経済学の原則によれば、資産を手に入れようとする努力は、それに伴うコストが資産の価値にほぼ等しくなるまで続く。現代の争いでは、石器時代よりずっと危険な手段を使うこともできるが、実際には昔ほど暴力的ではない。だがたとえ暴力が使われなくとも先ほどの原則は同じように働くため、資源を持つ国にとっては、所有権争いが多大なコストをもたらす可能性がある。たとえば鉱山会社が採掘権を得ようと大臣にのべつ賄賂を贈っていたら、政治家という職業が過度に魅力的になり、そのためなら手段を選ばない輩が出てくるだろう。そして国家予算が後援者への利益供与に注ぎ込まれ、立法も司法も、支持者に報い反対者を罰する手段になりかねない。

技術の力が自然を資産に変えるとしても、社会にとってはそれはまだ潜在価値に過ぎない。自然資産が所有権争いですり減らされることなく社会に価値をもたらすためには、所有権を法律できちんと定める必要がある。自然を賢く生かすのはむずかしい課題だが、この課題そのものはごく簡単な式で表すことができる。それは、**自然＋技術＋法規＝繁栄**というものである。世界は全体として、また最貧国はとくに、この公式をマスターしなければならない。

最底辺の一〇億人の国々では、たとえ技術の力で国内資源の価値が高まっていても、この公式は成り立っていない。たとえばコルタンという鉱物は、ゲーム機や携帯電話などに欠かせない材料となった結果、価値が急激に高まった。このコルタンは、コンゴ民主共和国に大量の埋蔵量があると言われる。また銅精錬が進歩したおかげで、これまで採算に見合わないとして放置されてきたザンビアの銅鉱山が、商業採掘ベースに乗るようになった。だが技術というものは、気まぐれな友である。技術は自然に価値を付加することもあれば、取り去ることもある。たとえばかつて硝酸塩や家畜の糞は一九世紀の石油に相当するものだが、技術によって代替物が開発された。技術の力は、いずれ石油の代替物も開発するだろう。また技術は自然から好ましくないものを引き出すこともある。たとえば安価なエネルギーをもたらす一方で二酸化炭素を発生させ、地球温暖化の原因を作った。

だが技術が気まぐれであるとしても、公式が成り立たない重大な原因は法の未整備にある。金融市場の規制の不備によりグローバル金融危機に翻弄された世界中の人々は、法規制の必要性に気づいた。法規制が不十分だったのは、経済学者が強硬に規制に反対したからである。彼らは金融市場のみならずおよそ規制というものに反対しており、市場の魔法に酔いしれている。私は以前にジョー・スティーグリッツに指名されて世界銀行開発研究グループのディレクターを引き受けたのだが、当時は規制不要論をさんざん聞かされたものである。経済学者はいまになって、観念論的な反対がいささか行き過ぎであったことを渋々認めている。法律が整備されていなかったら自然資産の潜在価値は実現できないし、二酸化炭素を始めとする負債は野放図に膨れ上がり、古くさい表現で恐縮だが「大量破壊兵器」になりかねない。

だが、法を整備するためには国家の統治がしっかりしていなければならない。地球の自然資産の大半は世界一九四カ国の政府が治める土地に眠っているが、政府の統治能力と国民に対する責任のあり方は国によってばらつきが大きい。地球上の土地について考えるときは、陸地面積を便宜的に四等分してみるとわかりやすい。先進国、すなわち経済協力開発機構（OECD）加盟国は、世界経済の八〇パーセントを生み出しているが、面積は世界の四分の一である。対極に位置するのは開発から取り残された国々、すなわち最底辺の一〇億人が住む国々である。このグループが世界経済に占めるのはわずか一パーセントだが、面積はやはり四分の一を占める。次の四分の一を占めるのはロシアと中国およびその衛星国、最後の四分の一がそれ以外の国ということになるが、その中心は新興市場国と呼ばれる国々である。どの四分の一をとっても、自然の責任ある管理は、略奪の誘因を効果的な規制で封じ込められるかどうかにかかっている。

法規制にはしっかりした国家統治が必要だと先に書いたが、最底辺の一〇億人が住む国々は、そこが弱い。そこから、第二の式を導くことができる。それは、**自然＋技術－法規＝略奪**というものである。最貧国における資源開拓史をたどると、略奪がほしいままにされてきたことがわかる。これらの国々を貧困から救い出す命綱となるはずだった資源は、ひたすら貴重な機会の浪費に終わっている。経済学の原則によれば、自然資産の価値は、所有権争いのコストがそれと等しくなるまで膨らんだとき、消滅する。だがもっと念入りな分析を行ってみれば、所有権争いの影響はそれだけでは済まないことがわかる。というのも、経済学では当事者のコストだけを見ており、第三者のコストを無視しているからだ。当事者以外の人々に損害をもたらす可能性を考慮すれば、資源を発見すること自体が呪いの対象になりかねない。最も略奪されやすいのは最底辺の国々であるが、中所得国もリスクを孕む。第六二代メキシコ大統領を務めたエルネスト・セディージョは同国が悲劇に向かっていると見ており、その原因は石油にあると指摘する。石油はメキシコ経済を上向かせることができたはずなのに、実際には足を引っ張ったのである。

自然資産の管理が行き届かない例は、OECDに加盟する富裕国でも見受けられる。国内ではまず問題なく管理していても、それは国境止まりである。だが自然は往々にして国境線を守らない。外洋の魚や大気中の二酸化炭素のように、自然資産も自然負債も国境から自由であり、略奪がまかり通っている。いや、地球の自然資産を最も精力的に略奪しているのは富裕国の企業や市民なのである。だからこそ規制が必要になるのだが、経済学者はいまなお懐疑的だ。たしかに、ルールを決めるのはプラトンの言う聡明な守護者（統治者）ではなく、政治的な力関係なのだから、彼らの疑念にも頷けるところはある。正しく機能している民主政体であれば、国民の過半数の望むルールが定められることになるが、しかし国民が何を望むかは、問題をどう理解するかにかかっている。私が『最底辺の10億人』（邦訳日経BP社刊）を書いたのは、最貧国の問題について市民に正確な情報を伝えない限り、民主政府は見てくれのよい政策をとるだけだと気づいたからだった。新聞やテレビで世間にアピールする政策の方が、効果的だが評価のむずかしい政策よりも好まれる。民主国家で自然に関するルールを決めようとすれば、それがなぜ必要なのかを大多数の市民が理解していなければならず、その理解以上のことはできない。大多数の人が誤った理解をしていたら、採択されるルールにもそれが反映されることになる。

富裕国はここ数十年間で前例のない経済成長を遂げ、その結果として社会は急速に変化し、宗教心は薄れた。かろうじて残された自然はあるものの、それもすっかり包囲され、科学技術の進撃に脅かされている。「近代の誕生」は、一般にナポレオン戦争が終結した一八一五年だとされるが、それからいくらも経たないうちに、自然は文明病の治療薬となった。はやくも一八二一年には、啓蒙思想家のドルバック男爵が「人間は自然を知らないがゆえに不幸である」と書いている。自然に還りさえすれば、精神科医など無用になるだろう、というわけだ。社会が繁栄し自然から遠ざかれば遠ざかるほど、私たちは政府に対し、「自然を科学から守れ」と要求するようになった。幹細胞の研究や遺伝子組み換え作物など問題が感情に絡んでくるほど、そうした要求はいっそう先鋭になってきている。

農業は自然に最も直接的に影響をおよぼす経済活動であるため、そうした感情の矛先が向かう対象となって来た。だが一般市民の理解が正しくないせいで、既得権団体に絶好の機会を与えている。規制は自然を保護するだけでなく再配分することもできるし、既得権団体が自分たちに有利になるよう操作することもできる。富裕国の農業ロビー活動は、小農をよしとする市民の誤解に乗じており、そうした誤解は、国家の援助プログラムを通じてアフリカにまで拡がっている。彼らの言い分は、こうだ。開発途上国の小さな農家を守らなければならない。有機農法、自給自足、家族農業の伝統を守る小さな農家は、技術や商業や工業がまだなかった時代の生活様式を受け継ぐ最後の砦であり、牧歌的な「農夫」のライフスタイルこそ守らなければならない……。先進国経済の成長と開発途上国経済の停滞を背景に、農夫の暮らしと工業化社会の生活がいっそう乖離するにつれて、農夫のライフスタイルは自然との調和を象徴するものとみなされるようになった。その一方で、貧困の撲滅を使命とする非政府組織（NGO）が次々に設立され、富裕国はそうした組織に出資している。これは、富裕国で問題意識が高まっていることの証と言えよう。このように、開発途上国の農業経済に対する富裕国の姿勢は、改革と保存の両方を望むという、かなり矛盾したものとなっている。

幹細胞研究の中止を求める運動の場合、犠牲となるのは、将来それによって治るかもしれない患者である。だが科学排斥・農夫賛美の農業規制が行われたら、犠牲となるのは現在の貧困層だ。アフリカの農業から技術を閉め出し商業化を妨げたために、食料は値上がりした。しかも貧しい家庭にとって、食料は支出の大半を占めている。ここで、最後の公式が導かれる。それは、**自然＋法規－技術＝飢餓**となる。

環境保護主義者と経済学者は敵対するのか

これまでずっと、環境保護主義者と経済学者は犬猿の仲だった。環境保護主義者は経済学者を物欲文化の手先とみなし、とうてい持続できないような物質的ゆたかさを煽っていると非難する。一方、経済学者は環境保護主義者を夢見る反動主義者とみなし、成長エンジンにブレーキをかけようとしていると批判する。学者によれば、世界の貧困を減らせるのは、結局のところ成長しかない。

本書の主張は、環境保護主義者と経済学者は互いに相手を必要とする、というものである。なぜならどちらも、負けつつある戦争の同じ側に立っているからだ。自然は略奪されている。環境保護主義者と経済学者がともに許し難いと思うようなやり方で自然資産は使い尽くされようとしており、自然負債は膨らむ一方である。だが両者が共同戦線を張るべき理由は、戦争に勝つという現実的な必要性からだけではない。知恵を共有するためにも、必要である。

ケンブリッジ大学の経済学教授サー・パーサ・ダスグプタは、二〇〇九年に、これまで経済学が自然界をどう扱ってきたかを概観した。そして、自然は「現代経済思想の主流からいまなお切り離されている」と結論づけている。経済学者が自然を考慮に入れるときがあるとしても、他の資産と同様に扱い、自然の資本は資本ストックの一部として人間の利益に活用すべきものとみなす。

二〇〇六年のスターン報告「気候変動の経済学」以来、自然界のある一つの面、すなわち温暖化が、にわかに経済学の主流に登場するようになった。尊敬すべき経済学者であるニコラス・スターン卿が、地球温暖化のコストに注意を払い温暖化抑制の選択肢を真剣に考えるよう、提言したからである。そこで経済学者はそれぞれにモデルを構築し、結果に大幅な開きが出ることから激しい議論が巻き起こった。だがスターン卿が強調するとおり、重要なのはテクニカルなことではなく、倫理的なことである。政策は、現世代の将来世代に対する責任に基づいて選択すべきである。また、主流の経済学者のように倫理的枠組みだけに従って温暖化問題に取り組もうとするのも正しくない。権利という視点が欠落しているからである。自然に対して倫理的に臨むなら、権利の問題は外せない。現世代の権利対将来世代の権利、あなたの権利対私の権利……。こうした状況で、経済学者が犯した重大な見落としを指摘してくれたのが、環境保護主義者だった。それは、自然は特別だということである。自然界に対する私たちの権利は、人工世界に対する権利とは同じではない。経済学者はこの洞察を踏まえて、自分たちのモデルの前提を見直す必要がある。

経済学者には倫理観の注射でもした方がよいと言ったら、大方の人が賛同することだろう。経済学部の学生が他学部の学生に比べて利己的だということは、調査でも裏付けられている。どうやら経済学は自己中心的な人間を惹きつける学問であるらしい。いやもっと悪いことに、経済学を学ぶと強欲になるようである。経済学者は、人間が自分の消費のことにしか関心がないと前提しているにもかかわらず、奇妙なことに、ある倫理的枠組みに基づく世界観を抱いている。それは、最大多数の最大幸福を掲げ、究極的には無私の思想と言える功利主義の枠組みである。経済学者が採用した功利主義は、不可能なほど理想の高い厳格で普遍的な価値体系だ。この価値体系に従えば、経済学者に限らずすべての人間が利己的とみなされる。このように、経済学者の世界観とふつうの人の世界観（と経済学者が仮定するもの）は大きく乖離しており、経済学者の多くは、ふつうの人が利他的に将来世代の利益を守ることは期待できない、と結論づけている。だがこの手の経済学者は現実逃避をしているのだ。彼らは、理想の政府は賢明な守護者で構成すべしというプラトンの国家論に共鳴しており、しかもその守護者は、当然ながら哲学者ではなく経済学者である。その一方で民主主義の優越を支持して、自己矛盾に陥っている。そのうえ現実的でもない。政府というものは、守護者ではなく有権者の意見を尊重しなければならないのだから。

ここでも、経済学者は環境保護主義者から学べることが多い。現代の環境学の基礎となった著作の一つに、アメリカの古生物学者フェアフィールド・オズボーンによる『略奪された私たちの地球 *Our*

Plundered Planet』がある。一九四八年に出版された著作で、当時ニューヨーク動物学会長を務めていたオズボーンは、持続不能な自然の収奪に対して市民の目を覚ますために同書を書いた。

これに対して本書は、環境保護主義者と経済学者それぞれの価値体系を合成した新しい考え方を提案する。環境保護主義者は、他の資産とは異なり自然資産に対しては各世代が責任を持つとした点で正しい。一方経済学者は、自然も一つの資産であり、人類に恩恵をもたらすべく活用しうるとした点で正しい。私たちは自然界の保存者ではない。自然をそっくりそのまま保存すること自体は目的ではなく、すべての虎を一匹たりとも殺さないとか、あらゆる木を手つかずで残すといった倫理的責任は負っていない。そうではなくて、私たちは自然資産の価値を維持する管理者、金融用語で言うならカストディアンである。先の世代から引き継いだこの資産を、価値を減じることなく将来世代に引き渡す責任を私たちは負っている。自然が私たちに課す義務は、本質的には経済価値にかかわるのである。

環境保護主義者と経済学者が手を組んで闘うべき共通の敵は、現実から目を逸らす人（現実逃避者）と現実離れした夢を見る人（夢想家）である。現実逃避者は、自然を略奪する。略奪は、明らかに倫理に悖る形で行われることもあるが、それよりも、見かけは合法的な行為が、一連の決定を経ていくうちに略奪を招くケースが少なくない。このような場合、略奪は略奪と認識されないことになる。最底辺の一〇億人の国々ではものごとを決める手続きがひどく入り組んでおり、資源採掘が国民に持続的な利益をもたらさないことが多い。また富裕国では、ごく最近まで無害だった行為が、いまでは自然の負債を盛大に積み上げている。どちらのケースでも、過ちを犯した側は、たいていはそれに気づいていない。一方の夢想家は、自然の潜在価値に手を付けまいとし、活用するのではなくひたすら保存しようとする。これでは、最底辺の一〇億人は命綱を掴むことさえできない。

最貧国に必要なのは高度成長である。そしてこのことが、貧困の削減と自然の保存を対立させる結果を招いている。環境保護主義者は、経済成長と環境の持続可能性を両立させなければならないと主張する点で正しい。経済学者は、持続可能性とは必ずしも保存を意味しないと指摘した点で正しい。環境保護主義者が自然をそっくり保存することに固執するなら、世界の貧困との闘いにおいて、彼らはまちがった側に付くことになる。

略奪や夢想的な環境保護主義が絶えないのは、自然がもたらす機会と脅威について市民が十分な情報を持ち合わせておらず、したがって政府に対して効果的な法整備を要求しないからである。十分な情報を持つ市民社会を構築する第一歩は、自然の倫理を確立することだと考えられる。それは、大幅に異なった価値体系を持つ社会の人々にも受け入れられるものでなければならない。自然の保存それ自体を目的と考える夢想的な環境保護主義も、功利主義経済学者が掲げる厳格な普遍的原則も、それにふさわしいとは言えまい。二正面で戦わなければならない戦争は、勝つのがきわめてむずかしい。一方の敵が一つであれば戦は単純になるし、心理的圧迫は小さく、勝利は圧倒的になる。一方は悪く、一方は善いのだから、全軍の意思統一は容易である。環境保護主義者の中に紛れ込んだ夢想家と、経済学者の中にいる功利主義・プラトン的守護者の信奉者は、自然を巡る戦争は一正面だと考えている。夢想家にとっての敵は経済成長、功利主義経済学者にとっての敵はふつうの人の価値観である。だが展開中の戦で黒白がはっきりしていることはめったになく、健全な道はたいてい両者の中間にある。たとえば援助はその好例と言えよう。援助は万能薬ではないが毒薬でもない。

本書では自然の活用を二正面作戦で考え、いまは無人の中立的立場が多くの人に受け入れられるようにしたい。夢想家と現実逃避者はどちらも感情の領域に入り込んでいる。夢想家は罪悪感、恐怖感、懐古趣味に、現実逃避者は強欲と刹那主義に。だが先鋭的な意見は必ずしも最高の解決ではない。困難で重要な問題の効果的な解決が見つかる場所は決まっている――それは、両極端の中間である。

第2章　自然は特別か

子供が怒って泣き出したら、放ってはおけない。八歳のダニエルは、ブラジルの熱帯雨林について教わってきた。それはダニエルに衝撃を与え、生まれて初めて政治に怒りを爆発させることになった。その怒りが向けられた先は、私である。私が父親だからではない。自分が大きくなって防げるようになる前に大事なものを破壊してしまった大人の代表とみなして、私に怒ったのである。怒りのあまり泣きながらダニエルは叫んだ。「ねえ、大統領に言ってよ」。たまたまテレビに出演した私を見ていたダニエルは、自分の父親にそんな力があると妄想を膨らませたらしい。八歳の子供はいつもお利口だとは限らないし、ダニエルも例外ではない。だがこのときの怒りは正鵠を射ていた。自然資産を巡る戦場では、息子と父は倫理的に同じ陣営にいるのだから。

率直に言って、自然は特別だという環境保護主義者の主張に私は賛成である。おそらくある程度までは、たいていの人がそれを認めるだろう。だがなぜ特別なのか。スチュワート・ブランドを始めとする主だった環境保護主義者が出した答は、自然はとりわけ脆弱だから、というものである。したがって自然に依存する人間の生活も脆弱になるという点で、このことは重大な意味を持つ。ただしブランドが指摘するとおり、多くの環境保護主義者はここにイデオロギー的な色づけをしており、これは排除すべきである。夢想的な環境保護主義者によれば、自然は世俗的な経済活動の対象とはなり得ない。自然はもっと崇高な存在だという。ドルバック男爵が描き出した近代人の不安をおうむ返しに繰り返すように、彼らは産業資本主義が人類を自然から切り離し、自然を急速に破壊したと主張する。彼らが現代の工業社会を不快に思っていることは、「オーガニック」や「ホリスティック」といった用語がひんぱんに出てくる言葉遣いからも感じ取れるだろう。また二〇〇九年にチャールズ皇太子がＢＢＣで行ったディンブルビー・レクチャーとして知られる講演は、ドルバック男爵の現代版とも言えるものである。

たしかに人類は、もうすこし質素で工業に依存しない生活に回帰する必要はあるだろう。チャールズ皇太子は有機野菜を育て、産業革命以前の一八世紀を模したパウンズベリーという村を作った。もっと先鋭的な夢想家になると処方箋は一層過激になり、人類の存在そのものがよくないというところに行き着く。こうした考えを反映して、いまや人類の消滅を唱える常軌を逸した狂信者集団も現れている。人類が消滅して初めて自然は回復できるというのである。人類以後の地球像には、多くの人を惹き付ける魅力があるようだ。夢想的な環境保護主義者は、自然を保存するためなら工業社会をまるごと犠牲にし、さらに過激な連中は、人類を犠牲にする用意があるらしい。

自然は誰のものか

ダニエルは、たぶん夢想的な環境保護主義者ではないだろう。ダニエルの怒りが近代工業社会に対する反発に根ざしているとは思えないからだ。あの子の部屋に散乱する道具や玩具の残骸を見るにつけ、もうすこし工業社会をきらいになってほしいと思うぐらいなのだから。ダニエルが熱帯雨林のことを心配するのは、言うまでもなく、かけがえのない大切なものだからである。だが彼が怒ったのは、自分の所有権が侵害されたと感じたからだった。子供というものは、宝物の所有権にひどく敏感である。どれが自分のものかはしっかりわかっているし、自分のものは貸すのもいやがる。だがなぜダニエルは、ブラジルの熱帯雨林に対して権利があると思ったのだろうか。そもそも見たことさえないのに。隣家では最近新車を買い、我が家のポンコツにえらく差をつけている。ダニエルは毎日その新車をほれぼれと見ているが、所有権を主張したことは一度もない。なぜか。ブラジルの熱帯雨林は特別だから——自然資産だからである。どこが特別なのか——所有権である。自然資産には、本来的な所有者がいないのである。このことは、気候変動への取り組みを含め、きわめて広い範囲にわたって重要な意味を持つ。その最初にして最大の影響は、政府が舞台の真ん中に引っ張り出されることだ。

資産に対するあらゆる所有権は社会的構成概念であり、そういう権利があるものと社会で前提されている。ただし、その対象は人工物である。人工物に対して最初に所有権を持つのは、作った人である。たとえば自動車を作った会社がまず所有者になり、それから私に売ってくれることになる。とは言えこの権利はあくまで社会的な前提であるから、都合により制限を設けることが可能だし、実際にも制限されている。自動車を作った会社は車を所有してはいるが、売って利益を上げれば、その一部は政府のものになる。資産を作った人が所有権を獲得するという考え方は、倫理的にも実際的にも納得しやすい。まず倫理の点で言えば、作った人は労力も、お金や時間も注ぎ込んでいる。また実際面で言えば、作ったそばから他人のものになってしまうのでは、作る気にならないだろう。こうした理由から、作り手に最初の所有権を与えることは、原始共産制を除く事実上すべての政体で支持されている。

人工資産についてはこのくらいにするとして、問題は自然資産である。定義からして、自然は人工物ではない。神が作ったと考える人もいれば、偶然の産物だと考える人もいる。いずれにしても、その創造過程から妥当な所有者を推定することはできない。しかしすでに述べたように、技術的な発見や発明によって初めて自然が価値を持つのだとしたら、その発見者が所有権を主張できるだろうか。たとえば携帯電話を開発したノキアは、アフリカのコルタン（携帯電話のコンデンサーなどに使われている鉱物）に権利を主張できるだろうか。世界の自動車メーカーは、石油に権利を主張できるだろうか。いずれも妥当とは言い難い。自然資産には本来的な所有者はいないのであり、したがって社会は、自分たちが望むように権利を割り当てることができる。自然資産の所有権が割り当てられる過程は、所得の分配と生産性の両面で経済に多大な影響をおよぼす。もしその社会に政府が存在していなかったら、どうなるだろうか。自然資産に所有権を設定し、強制力を持たせることは不可能になる。

そのような社会では、資産を物理的に支配下に置きさえすればよいことになる。すると、不均等な分配、レントシーキング、不確実性という三つの問題が起きる。不均等な分配は、強者が弱者を圧倒することからも起きるが、ある土地は自然資産に恵まれ、ある土地はそうではないというふうに、偶然にも左右される。したがって世界中の人を腕っ節と運で分類したら、腕っ節の強い人と運の強い人がごっそりと所有権を獲得することになる。レントシーキングは経済用語で、暴力、贈賄、ロビー活動などにより超過利潤すなわちレントを確保しようとする行為を指す。経済学的に言えば自然資産の価値は未実現のレントであり、レントシーキングは、レントを求めるコストがレントに等しくなるまで続く。したがって社会にとっての自然資産の潜在価値は、コストによって帳消しになってしまう。不確実性は、実効性のあるルールが存在しない場合に発生する。いま物理的に自然資産を支配していても、それがいつまで続けられるかわからないからだ。このように所有権が保障されていないと、たとえ必要以上のコストを社会に強いるとしても、はやいところ使い尽くしてしまおうという動機が発生する。その結果、見つけやすい自然資産はあっという間に略奪されることになる。アメリカ人はこのことを痛切に知っているはずだ。西部の開拓が始まりごくわずかな人が住み着いただけで、大量にいたバッファローは狩猟の餌食になり、絶滅の危機に瀕したのだから。

私は、略奪のもう一つの例をこの目で見た。二〇〇八年にロシア製ヘリコプターでエスパニョーラ島の上空を飛んだときのことである。エスパニョーラ島はコロンブスがアメリカ大陸近くで初めて発見し命名した島で、現在ではちょうど中程に国境があり、東側をドミニカ共和国、西側をハイチ共和国が占めている。ドミニカ共和国の内政は安定しているのに対し、ハイチは長いこと政情不安と汚職におおわれ、農村部にはいまだに行政も治安も行き届いていない。北部の海岸はクルーズの寄港地として人気だが、パンフレットなどには島の名前しか記載されていないので、観光客の多くはハイチに上陸したとは思っていないだろう。私がヘリコプターなぞに乗る羽目になったのは、国連事務総長の潘基文《パン・ギムン》が『最底辺の10億人』を読み、そこに取り上げられている問題がハイチには多々あると気づいて、何かの役に立つかも知れないと私を送り込む決定を下したからだった。ハイチには、かつてゆたかな自然資産があった――森林である。だがもうこの資産は存在しない。上空から見下ろすと、見えるのははげ山ばかりだ。はげ山、はげ山、はげ山。そして突然緑が見え出すのは、ヘリコプターが国境を越えてドミニカ共和国に入ってからだった。ハイチの森林は国土の二パーセント、ドミニカの方は三七パーセントである。エスパニョーラ島はそう大きくはない（北海道よりやや小さい）から、この差は気候のちがいによるものではない。実際、一九二〇年代にはハイチの国土は六〇パーセント以上が森林でおおわれていた。両者を分けるのは、政治のちがいである。財産権が保障されていなかったために、ハイチの森林は略奪されたのだった。

バッファローも森林も、目立つがゆえに略奪されやすい。一方、目に付かない自然資産には、正反対の運命が待ち受けている。無視されるのである。地下深くに埋もれた資産を発見しても保護されないとなれば、誰がわざわざ探そうとするだろうか。誰かが発見するのを待ち、力ずくで奪い取る方がはるかに簡単である。したがって、そうした資産は発見されないままになる。自分が住んでいる土地で貴重な資産を発見しても、所有権が保障されず奪い取られる可能性があるとなれば、血なまぐさい事態にもなりかねない。だから、何かありそうだと思っても見つけまいとすることさえある。

石油や鉱石といった貴重な自然資産は、地中深くに隠されている。そこで、これらの資産は地下資源と呼ばれる。世界銀行は二〇〇〇年に世界中の地下資源の「棚卸し」を行った。国別に鉱物資源ごとのデータを集計し、価値を計算したのである。たとえばアンゴラでは、数百万バーレルに上る原油埋蔵量が確認された。鉱物ごとに埋蔵量を調べ、市場価格を掛けて合計すれば、その国の地下資源の市場価値が得られる。中にはひどく幸運な国もある。たとえばブルネイとクウェートは、巨額の自然資産を抱えるのに国民は少ない。したがって、国民は生まれながらにして大金持ちである。地球全体でみると、自然資産はきわめて不均等に分布しているように見える。

ここではあきらかに、運不運が重要な役割を演じている。小さな国が油田の上に乗っかっているような具合のこともあれば、まったく何の資源にも恵まれない国もある。しかし十分に広い面積を考えれば、統計的には幸運は均等に分布するはずである。ここで、地球の陸地面積を四等分したことを思い出してほしい。この四分の一ごとに自然資産を集計したとき、大きな格差があったら驚くべきだろう。たとえある鉱物資源がどこかの四分の一に集中していたとしても、平均の法則により、他の資源は別の四分の一に偏っているはずだ。だが、幸運は均等に分布するとの期待は裏切られた。世銀のデータを同僚のアンケ・ホーファーと深く掘り下げていくうちに、私たちは重要だが非常に単純な考えにたどりついた。だがそれについてお話しする前に、アメリカの西部開拓の話を終わらせておきたい。

西部開拓が始まった頃のアメリカ政府は、まだ基盤がしっかりしていなかった。そこで政府は、埋もれていた資産の発見に対して独特の決まりを設ける。それは一言で言えば、「見つけたものは自分のもの」というルールだった。政府が金鉱を探す人たちに区画ごとに試掘免許を与え、発見したら所有権を与える、という仕組みである。

このルールは、いくつかの重要な点で無法状態よりはマシだが、無用の不公平を出現させ、しかも非効率になりがちだった。不公平の方ははっきりしている。妻の大叔父に当たる人は金鉱を掘り当て、その子孫はいまだに裕福に暮らしている。その一方で、夢を果たさず死んでいった人も少なくない。自然資産の価値、すくなくとも採掘コストを上回る価値は、広く共有されず、たまたま発見した人の総取りとなっている。

非効率の方はすこしわかりにくいかもしれない。区画Aで幸運に行き当たる確率は、隣の区画Bで金鉱が発見された場合にはぐっと高まる。すると最も効率のよい戦略は、できるだけたくさんの区画を買い占めておき、あとは誰かが発見するまで放っておくことになる。休眠区画の持ち主は、他人の努力にただ乗りするわけである。かくして、ゴールドラッシュ経済が始まる。土地は長いこと放置された挙げ句、最初の発見があると探鉱熱がにわかに高まる。放置も探鉱の急増も、どちらも効率がわるい。土地が長いこと放置されるのは、ありふれた公共財の問題に起因する。すなわち「そこに金鉱がある」という知識は誰でも利用できる公共財なので、誰もわざわざコストをかけて獲得しようとしない。こうして手詰まり状態が出現する。そこへ誰かが大当たりを引き当てる。すると大勢が我も我もと押し寄せ、お互いに相手の成功率を押し下げる。あのおぞましい経済学の原則によれば、人々は探鉱コストが予想利益ぎりぎりに達するまで金鉱探しに時間と資金を注ぎ込むことになる。しかしあまりに多くの人が参入すれば、一人ひとりの発見確率は大幅に下がるので、金鉱探しの大半は無駄な行為になってしまう。こうして、探鉱にかかるコストの合計は採掘された資源の価値の合計に近づいていく。このように、「見つけたものは自分のもの」ルールの下では、探鉱事業の利益は長期にわたって資源の社会的価値を下回り続けた末に、短期的に価値を上回るというパターンになる。

バッファローの運命を避けるために、またゴールドラッシュの非効率と不公平を防ぐために、アメリカ以外の国では最初の所有権を共同体に与える方法を採ってきた。共同体行為の頂点にいるのは政府であるから、政府が自然資産の命運を決することになったわけである。この点で政府は特別な存在となった。標準的な経済学の教科書を見ればわかるように、近代経済学は生産に関して政府にほとんど言及していない。モノを生み出すのは労働と資本であり、それを管理運用するのは企業である。政府は分析の対象にならず、したがって出る幕はなかった。ところが自然資産の効率的な管理ということになると、政府は一転して主役に躍り出る。

だが政府の役割が大きくなったとして、一体何をすべきなのか。政府は、自然資産の最初の所有者になることを免れないのだから、自然資産を管理しなければならない。この点で自然資産は特殊と言えるが、別の二つの点では他の資産と変わらない。それは、枯渇することと価格が変動することである。自然資産の枯渇や価格変動性を賢くコントロールするのはむずかしい。金融資産の場合には、それをするための巨大な産業が形成されており、ニューヨークやロンドンに膨大な収入をもたらしている。これに対して、自然資産の管理も金融資産と同程度には困難な問題を孕んでいるにもかかわらず、実行の任に当たるのは優秀な専門家(もっとも最近ではあまり信用できなくなってきたが)ではなく、政府なのだ。しかもその多くは、地球上で最も統治能力に欠ける政府である。

自然資産に対して所有権が付与されれば、それは必然的に価値をもたらす。となればレントシーキングを招くことになるし、もっとわかりやすく言えば、利益誘導型政治を出現させることになる。この種の政治はまったく始末に負えず、自然資産の管理に手を出さなかった場合より社会が悪くなることもあり得る。したがって、いかに利益誘導型の政治を防ぐか、ということが需要な問題になる。

民主政治においては、言うまでもなく政府は有権者に対して責任がある。だが投票をするためにはその国の市民であって、かつ成人に達していなければならない。ブラジルの熱帯雨林に関する発言権ということになると、どうみてもダニエルにあるとは思えない。国籍もちがうし成年にも達していない。ブラジルがダニエルに投票権を与えるべきだとは思わないが、それでもダニエルの言いたいことはわかる。いったい、ブラジルの熱帯雨林はブラジルの有権者、それも現世代の有権者のものなのだろうか。

このような問題提起をすると、二つの明確な構図が浮かび上がってくる。ブラジル対他の国、現世代対将来世代である。どちらも大切だ。いまのブラジルの有権者が、熱帯雨林の運命を決する権利を持つべきなのだろうか。決定権はもっと上位にあるべきだとも考えられるし、逆にもっと下位にあるべきだとも考えられる。熱帯雨林が地球全体にとって貴重なものだと考えれば、決定権はブラジルではなくもっと上位にあるべきだろう。ダニエルはそう考えたからこそ、自分の権利を侵害されたと感じた。その一方で、もっと下位に決定権を与えるべきだと主張する人々もいる。熱帯雨林は、そこで暮らし、生計を立て、この貴重な資産を維持してきた人々のものだという考え方である。となれば、権利はどこに位置づけるべきだろうか。地元なのか、国なのか、それとも世界なのか。この問題を考えるときには、倫理的な枠組みが必要になる。経済学者として私はこれまで、功利主義が規定する枠組みを使ってきた。

最大多数の最大幸福

功利主義の根幹をなす主張は、「最大多数の最大幸福」を実現できるかどうかを倫理判断の基準とすることである。近代経済学はきわめて精緻な学問体系であり、社会が最もよく目標を立てるにはどうすればよいかという困難な課題を検討してきた。だが経済学を現実の問題に応用するときになると、せっかくの精緻さはどこかへ追いやられてしまう。というのも経済学者は、「○○を最大化するにはどうすればよいか」という単純な形に置き換えて問題を解決するよう訓練されているからだ。功利主義もこのアプローチをとっており、「人類の幸福を最大化するにはどうすればよいか」という問いに答えようとする。この考え方を、「自然資産の所有権をどう割り当てれば幸福を最大化できるか」という問題に当てはめてみよう。功利主義経済学では、各人の幸福すなわち経済学で言う「効用」を単純に足し合わせて全体の合計を計算する。そのためにいくつか仮定を設けるが、とくに重要なのは、所得はそれと同等の効用をもたらす（たとえば月収四〇〇〇ドルであれば、四〇〇〇ドル分の効用が得られる）という仮定と、財の追加的な消費から得られる効用は次第に小さくなる（限界効用逓減の法則）という仮定である。

これは、実際にはかなり過激な考え方である。たとえばまるごとのケーキがあったら、万人に同じ大きさに切り分けなければならない。そうして初めて「最大多数の最大幸福」が実現する。経済学者はこれを「効用の総和を最大化する」という。さらに過激なのは、裕福な人の追加的な消費は、貧しい人の追加的な消費よりも効用が小さいということである。功利主義の立場をとる著名な哲学者ピーター・シンガーは近著『あなたが救える命』の中で、このことが慈善行為にどのような意味を持つかをあざやかに指摘している。つまり、こうだ――あなたのお金を他人のために使う方がはるかに大きい効用を生むとわかっているとき、自分のために使うことをどうして正当化できるだろうか。こうしたわけで功利主義は、所得再分配を目的とする税の裏付けとなっている。功利主義に従えば、ケーキそのものを小さくするような弊害を引き起こさない限りにおいて、所得税はできるだけ高くすべきなのである。実際にはさまざまな制約により緩和されてはいるものの、功利主義の倫理観は、万人に等しく配慮する普遍的原則と、効用の大きさのちがいに着目した必要性の原則に基づいている。

熱帯雨林や石油といった自然の資産や二酸化炭素を始めとする負債を巡っては、世代間の分配が大きな問題となる。功利主義経済学者は、現世代と将来世代の間の分配でも、先ほどとまったく同じ普遍的原則と必要性とを倫理的な判断基準とする。すなわち、まだ生まれていない人たちも、いま生きている人と同等の重みを持つ（未来をはるかに多く生きるのは、彼らの方だが）。将来世代が投票権を持たないのは、功利主義の立場からすれば、民主政治における制度設計の欠陥にほかならない。将来世代のことを考えなくてよいのは、彼らが私たちより確実に裕福になるときだけで、その場合には、将来世代に多くを残すのはあまりよい考えではなくなる。自然を将来のために残すかいま消費するかは、お金を貯蓄するかいま使うかということと同じであり、いま貯蓄すれば将来により多くの価値を生むのに対し、将来の追加的な消費が生む効用は小さいというトレードオフを勘案して決めるべき問題となる。功利主義経済学者にとっては、そのお金が資源採掘によるものであっても、外国からの援助であっても、扱いは変わらない。

功利主義経済学者に公平を期すために付け加えるなら、将来世代のことを考えるにはおよばない理由がもう一つある。それは、彼らが存在しない可能性である。隕石が地球に衝突し、人類は恐竜と同じ運命をたどるかもしれない。気候変動の問題に取り組む功利主義経済学者の計算には、自ら招いた人類の消滅も織り込まれるので、未来が存在しない可能性があれば、将来世代に残す幸福の価値は減らされる。

ある意味では、経済学に採り込まれた功利主義は高貴な思想だと言える。普遍的原則と必要性に基づいて決定を下すなら、確実に公平になるだろう。だがこの考え方には、二つの致命的欠陥がある。第一に、多くの社会に根を下ろしている倫理観と真っ向から対立するので、民主政治において選択される可能性がまずない。第二に、調整の余地がどこにもなく、同じ倫理規範がつねにどこにでも適用される。経済学者の言う功利主義はディズニーランドに最もよく当てはまると誰かが主張したら、私は賛成しよう。だが自然の資産と負債に当てはめるにはふさわしくない——私はそう考えるようになった。

カストディアンの倫理規範

では功利主義に代わるのは、何だろうか。環境保護運動の高まりを見ると、ふつうの人々が自然に対する義務を感じていることがよくわかる。これはなにも功利主義経済学者の高貴な思想に感服したからではなく、それぞれの倫理規範に従ったからである。人々の倫理規範は功利主義よりもはるかに幅が広く多様であり、多くの人がそれぞれに異なる倫理観の中で、自然は特別なものだと認識している。人々が抱く倫理観は多様でも、自然に対する姿勢は共通なのである。価値観が大きく異なる多数の社会に功利主義の倫理観を押しつけようとしても、まずうまくいかないが、幸いなことに、そんなことをする必要はない。

多くの人が抱く倫理観の中で、功利主義が掲げる普遍的原則に真っ向から対立するのが、近接性を重んじる感情である。わかりやすく言えば、近しい人ほど大切だということだ。つまり家族や友人の方が、会ったこともない人より大切になる。現代の経済学者の大半はこの概念を否定するが、功利主義を打ち立てた思想家ジェレミー・ベンサムでさえ、この感情が理に適っていると認めていた。ベンサムによれば、「近しい人ほど大切だ」という感覚は、空間的な近さにも時間的な近さにも当てはまる。多くの調査で確かめられているとおり、将来世代のことは自分自身ほど大切には感じない。そして遠い将来になるほど、親近感は薄れる。

人類がこの感覚を本能的に備えて進化してきたのは、よく理解できる。どんな状況でも、家族や隣人がいる方が自分の生き延びる確率は高まるからだ。近しい人をとくに大切にするのは、人格的な欠陥とみなすべきだろうか。万人を等しく大切にする天使のような存在をめざすべきなのだろうか。気候変動の経済学的分析の先駆者であるニコラス・スターンは、近しい人を大切にする感情が発達してきたのは、それが役に立つからだと認める。ただし、かつては何か力を合わせる必要があるときでも、すべて狭い地域内でのことだったともスターンは指摘している。これに対して現在の環境問題は、地球全体にかかわっている。したがって本能的な近接性の重視は、いま急務となっているグローバルな協力にとっては、妨げになってきた。

だがだからと言って、経済学者や政府が近接性を大切にする感情を打ち砕く資格を持つわけではない。この感情は、長い間に人間の本性に深く根を下ろしているからだ。経済学者の言う功利主義がよく当てはまるのは、むしろ昆虫のアリの世界だろう。アリは、集団の幸福のために進んで自己犠牲を払う。そうやって彼らは進化してきた。だがアリだけでなく人間にまでその経済モデルを当てはめようとするのは無理がある。人間のひねくれた性質をありのままに受け入れるほかないのである。

普遍的原則と近接性の主張がせめぎあう上位には、国民国家という制度が君臨する。国家は国民に共通の帰属意識と仮想の共同体を与え、その枠内では、程度の差こそあれ普遍的原則を実行する。しかし国境を超えると、近接性が幅を利かす。二つの価値観が劇的に転換する代表例をヨーロッパに見ることができる。ヨーロッパの国々は所得再配分目的の税が高いことで有名で、所得税の最高税率は四〇パーセント近い。しかも過去五〇年の間に大半の国が、加盟国から拠出金を取り立てて再配分する権利を持つ欧州連合（ＥＵ）に加盟している。ところが、加盟国の所得水準には相当なばらつきがあるにもかかわらず、加盟国間の再配分はほとんど行われていない。加盟各国からの拠出金は国民総所得（ＧＮＩ）の一パーセント程度に過ぎないうえ、事実上その全額が拠出した当の国の中で再配分されている。英国は加盟に当たってこの点にこだわり、英国からＥＵへの拠出金は、わずかな一定額以上はすべて英国に払い戻されていた（後に是正された）。このように、ＥＵという民主国家の集合体に拠出した場合でさえ、功利主義の普遍的原則は届かない。ＥＵ域内で優勢なのは、近接性の主張である。

一方、多くの人が抱く倫理観では、功利主義が掲げる必要性の原則に、所有権が対立する。社会調査に定評のあるラウントリー財団（クエーカー系慈善団体）が、不平等に対する英国人の態度について二〇〇九年に調査を行ったことがある。すると、一般市民は不平等が必ずしも不当だとは考えていないという衝撃的な結果が出た。不運な目に遭って貧しくなった人々は幸運に恵まれた人からの救済に値するが、無分別だった人々を賢く暮らしてきた人が助けてやる必要はない。よく働き賢く倹約してきた人は、その成果を楽しむ権利があるというのである。功利主義経済学者も、現実的な必要性からこの主張を支持している。労働の成果を自分のものにできないなら、誰も苦労して働こうとしなくなってしまうからだ。だが多くの人の倫理観は、それ以上のことを求める――苦労が所有権の根拠になるということである。

自然の資産には本来的な所有者がいないのだから、それに対する所有権は人工物に対する所有権よりはるかに弱い。人工物の場合には、創造活動の産物であることが所有権の強力な根拠となる。自分が作ったものは、人に上げても売ってもよい。作るという最初の行為が、多くの所有権の根拠となっている。一国の中でも、功利主義の普遍的原則は、創造活動を根拠とする所有権と大なり小なり共存しうる。たとえばほぼすべての国が所得再配分を目的とする税を課しているが、現実的な理由や倫理的な配慮から税率を抑えている。だが自然資産は人間が創造したものではない。創造を根拠とする所有権が成り立たない場合、誰が自然資産から利益を得るべきだろうか。功利主義が掲げる普遍的原則と必要性の原則にしたがえば、万人が得るべきだろう。この二つの原則に唯一対抗しうるのは、近接性である。すなわち、自然資産の最も近くにいる人がその恩恵を被るべきだという主張である。

だが近接性の効力は、遠ざかるにつれて弱まっていく。その歯止めとして作用するのが、国家への帰属意識と国家の制度的な力である。通常はこれらの力は、領土内のあちこちで近接性が主張されるのを封じ込められるほど強いので、国家は領土内のすべての自然資産の普遍的な所有権を主張できる。しかし国境では近接性が俄然有力になり、他国の人間は隣国の自然資産に対して所有権を主張できない。

国家が存在すれば国あるいは同等の主体どうしの自然資産の再配分も可能だが、存在しない場合には「自分の方が近いのだから自分のものだ」という意識が増幅しやすい。そうなると、不平等が助長される。たとえばアフリカは多数の国に分割され、自然資産の所有権が国家に帰属する当然の結果として、国民一人当たりの分配がきわめて不平等になっている。一例を挙げれば、同じアフリカでありながら、赤道ギニアの国民は、エチオピア国民よりはるかに多くの自然資産を持つ。それでも国家というものが存在し、あちこちの地域で近接性に基づく所有権が主張されないだけ感謝しなければなるまい。国家よりも下位の集団が近接性を楯にとって自然資産の所有権を獲得した場合、分配は一層不平等になる。アフリカの西海岸、ギニア湾上に浮かぶ小島国サントメ・プリンシペ民主共和国を例にとろう。この国では最近海底油田が発見され、十数万人の国民に多大な恩恵をもたらすと期待された。ところが石油はサントメ島よりもプリンシペ島の方に近かったため、ご想像のとおり、同島の住民八〇〇〇人が所有権を主張した。

読者は、プリンシペ島の人たちはずいぶんと利己的だと考えたかもしれない。だが事態はもっと悪いことになった。貴重な自然資産が発見されたというので、周辺国との国境争いが起きたのである。最近では北極で、近接性の主張と普遍的原則のせめぎ合いが繰り広げられている。地質学者の見立てによれば、北極の氷の下には九〇〇億バーレルの原油が眠っているらしい。それは一体誰のものなのか。有望な鉱床が発見されると、きまって強欲なご都合主義が顔を出し国境線の変更を要求する。北極海はいまのところ公海だが、何か発見されたら、北極海に面する国々の間で所有権争いが起きるのは必定である。

「自分の方が近いのだから自分のものだ」という主張は国のレベルで収まるものではなく、欲が絡むと地元意識が強まる。果たしてデンマーク領であるグリーンランドでは、近年独立を求める声が高まってきた。近接性の主張は、さらに先鋭化することもある。ロシアの北東端からアラスカ、カナダ北部、グリーンランドに散らばるイヌイットは、自分たちの漕ぐカヤックのはるか下に眠る原油の権利を主張している。

スコットランドの沖合では、一九六〇年代半ばに石油の鉱床が発見された。それまで英国からの分離独立を主張するスコットランド国民党（SNP）は弱小政党だったが、原油価格が高騰した一九七三年になると得票数を大きく伸ばす。翌年にはスコットランドでの得票率は三〇パーセントに達した。ところが原油が値下がりすると支持も急減し、一九九〇年代後半に一バーレル一〇ドルまで下がる頃にはSNPは瀕死の状態に陥る。しかし世界的な商品相場の値上がりで息を吹き返し、二〇〇七年には原油価格が一バーレル一〇〇ドルに届く勢いになると大躍進を遂げ、ついにスコットランド議会の第一党にのし上がった。ウェールズ国民党が雨水について同じことを試みているが、観光客なら誰でも知っているとおり、英国は水不足に困ってはいない。

国家の権利は尊重されるべきではあるが、昔から決まっている国境と資源狙いの欲望で主張される国境には厳然たるちがいがある、と私は考えている。ある国の歴史的な国境の外に存在する自然資産がその国の国民のものではないように、海底油田の上でカヌーを漕いでいるからと言って、油田の権利は主張できない。地球上の自然資産の大半は国境の内側に収まっているけれども、公海など国家の主権がおよばない国際領土にあるものは、やはり公のもの――すなわち、人類全体のものである。

領土内の自然資産がその国のものだとすることは、近接性の点からも現実的な理由からも頷ける。だが将来世代をさしおいて現世代が独占することは、どのような倫理規範からも認められない。自然資産は物理的に固有の場所に存在し、もし石油が私の国にあったら、それはあなたのものではない。そして自然資産の性質上、簡単にどこかへ行ってしまうことはない。だから国境線で隣国に向かって「やーい、これはオレのもんだ、オマエにはやらないよ」と言っても、別にうしろめたく感じる必要はない。だが将来世代に向かって「やーい、これはオレのもんだ、オマエにはやらないよ」と言ったら、罪の意識を感じずにはおれないだろう。こと時間に関する限り、国境のように国と国とを分けるようなものは存在しない。人間一人ひとりをとれば、生と死との間にははっきりした境界があるが、これはあくまで個のレベルであり、全員が同時に死ぬわけではない。自然資産はある社会が集団的に所有し、その社会は連続的に世代交代をしていく。

こうして私たちは、自然の倫理を考えるとき、略奪が二つの形をとりうることに気づく。一つは、ある国の国民全員のものであるべき自然資産が一握りの人間の利益に供される形の略奪である。もう一つは、あらゆる世代のものであるべき自然資産が現世代の利益に供される形である。

個人も社会も、広く倫理的な問題についてさまざまな意見を持っており、近接性の主張と普遍的原則、必要性の原則と所有権が対立することがありうる。こうした意見の相違は、基本的には人工資産の割り当てに関して起きるが、二つの形の略奪が倫理に悖ることは誰でも認めるだろう。一般に国家への帰属意識は強いので、領土内の自然資産は共有すべきものとされる。ただし共有されるのは所有権ではなく、カストディアンとして管理する権利である。私たちには、将来世代を上回って自然資産から恩恵を得る権利はない。もし使い果たしてしまったら、将来世代に対して埋め合わせをしなければならない。

欧米の伝統とはまったく異なる文化や倫理観が根付いている中東でも、自然資産は預かって管理し引き継ぐべきものと考えられている。三〇年ほど前のクウェートは、石油という自然資産以外にはほとんど何もない国だった。当時のクウェートの人々は、自分たちには石油収入をひたすら消費に使う自由はないと考え、将来世代のためのファンドを創設した。おかげでクウェートの将来世代には、もし石油が枯渇しても別の資産が用意されている。対照的にザンビアでは銅鉱山が掘り尽くされようとしているが、将来世代のために何の資産も残されていない。だからと言って、ザンビアの人々の倫理観が他国と異なるわけではない。ザンビアの友人は「銅山が枯渇したら子供たちに何と思われるだろうか」と嘆いている。

以上をまとめると、こうなる。私たちは、あらゆる自然資産をそのまま保存する義務は負っていない。だが、将来世代のことを考えずに略奪してよいわけでもない。私たちが負うのは、自分たちが受け継いだ自然資産か同等の価値を持つ資産を、これから生まれる世代に引き継ぐ倫理的責任である。このように、自然資産に対して私たちが負う倫理的責任は、基本的には経済価値にかかわっている。なぜなら自然は、価値ある資産だからである。自然資産は特別ではあるが、絶対に使ってはいけないほど特別ではない。使うのはかまわない。だが同等の価値を残さずに使うのは、略奪の罪を犯したことになる。カストディアンとしての義務は、功利主義の効用最大化計算に基づくのではなく、他人の権利を認めるところから始まる。

管理は、保存ほど束縛的ではない。夢想的な環境保護主義者は自然を神聖視し、そっくりそのまま保存すべきだと主張する。この考えに私は与しない。生物多様性はたしかに重要だが、それは人類の存続という条件の下であって、多様性の維持それ自体が目的とはなるまい。人間がここにいるのは自然に使われるためではないが、自然は人間に使われるためにそこにあると言ったら、あまりに物質主義的に響くだろうか。だがキリスト教思想も、「受託責任」という形でほぼ同じ結論に達している。人間が自然界で「自治領」を営むことができるのは、自然がそっくりそのまま保存されるためではなく、その一部を人間に使わせるために存在するからだ、という考え方である。キリストはルカに次のようなたとえ話をしている。貴族のご主人が出かけるに当たり、召使い一人ひとりにお金を与えていった。一人は文字通りナプキンに包んでそのままとっておいた。帰ってきたご主人はこの召使いをひどく叱った。誉められたのは、渡されたお金をよいことに使った召使いだった、というのである。私たちも自然に対して同じことができる。とりわけ大事なのは、自然を賢く活用して最底辺の一〇億人の窮状を変えることである。

経済学のモデルでは人間が利己的で欲が深いことになっていることからもわかるように、経済学者は人間の本質について悲観的である。私はそれほど悲観していない点で、環境保護主義者と意見を同じくする。経済学者は、人間は聖者のごとくふるまうべしという倫理観と、現実のふるまいは聖者にはほど遠いという人間観の乖離に直面し、民主主義というものに熱意を失っている。彼らのお好みは経済学者の助言に従って国民を指導する権威主義的な政府であり、彼らが頼るのは優秀な官僚からの報告である。これに対して環境保護主義者は一般市民をひんぱんに大規模行動に巻き込んで、政府や企業を大いに動揺させてきた。市民はアリの倫理観など身につけなくとも、自国政府に自然の略奪者ではなくよき管理者になってもらいたいと考えるようになるのである。

ブラジルの有権者に熱帯雨林の運命を決する権利はあるか

この問いは、現世代のブラジルの有権者にとって何を意味するだろうか。民主政治においては、政府は有権者に対する責任を負い、資格を満たす市民は選挙権を持つが、将来世代は選挙権を持たない──持てない。それでもなおブラジルの有権者は、将来のブラジル人に対する倫理的な責任を認識すべきである。現世代は、同等の資産を将来世代に残さない限り、熱帯雨林を切り倒す自由はない。この責任を無視するなら、略奪者として非難されても仕方がない。

ブラジルの有権者の倫理的責任は、ここで終わりではない。私は、海底油田に対するイヌイットの主張には否定的だが、熱帯雨林の住人の権益は否定しない。熱帯雨林は彼らの住み処であり、この人たちが略奪しなかったからこそ、私たちの代まで受け継がれてきたのである。もし伐採されたら、彼らの文化は消滅してしまう。伐採すれば他のブラジル人は潤うかもしれないが、その利益が熱帯雨林で長らく暮らしてきた人々の犠牲の上に成り立つことは、疑う余地がない。仮に熱帯雨林の下に石油が埋もれているとして、熱帯雨林の住人に石油に対する権利は認めるべきではないだろう。だが生活の場である熱帯雨林に対しては、共同体として彼らにまちがいなく権利がある。ただしこれは、熱帯雨林共同体を永久に保存すべきだという意味ではない。それではこの人たちは、いつまで経ってもほかの人間と交わることができまい。そのような扱いは、熱帯雨林の住人を人類学的な興味の対象とみなすものである。とは言え熱帯雨林で暮らす人々と近代性との対決はきわめてデリケートであり、細心の注意を払いながらゆっくりと取り組む必要があるだろう。歴史を振り返っても、先住民と現代社会との遭遇は悲劇に終わることが多い。長い間には、熱帯雨林の住人もブラジル社会の一員となることに賛成の意思表示をするのではないかと思う。ちょうど最後のアボリジニが、ブッシュでの孤立した暮らしを捨てる選択をしたように。だが彼らの生活の場を取り上げて強制的に排除するのは、正しいやり方ではない。熱帯雨林の伐採で恩恵を被る人の多くは土地を必要とする貧困層であるから、功利主義の必要性の原則からすれば正当化できるかもしれないが、熱帯雨林の住人から取り上げて再配分するのは、彼らの所有権を侵害する。

なお、熱帯雨林を伐採して燃やせば二酸化炭素が排出されるので、ブラジルの有権者はさらにもう一つ倫理的責任を負うことになる。伐採と開墾は現世代のブラジル人に利益をもたらすが、将来世代は二酸化炭素という負債を受け継ぐ。したがって、ブラジルの現世代が熱帯雨林に代わる適切な資産を将来世代に残したとしても、自国の利益のために世界中の人々に不利益をもたらす形で略奪の罪を犯すことになる。世界の環境保護主義者が憂慮するのは当然であり、ダニエルが怒るのももっともと言えよう。

第2部　資産としての自然

第3章　資源の呪い

天然資源は呪われた存在なのだろうか。私は『最底辺の10億人』の中で、資源が最貧国にとってむしろ有害であることが多いと指摘した。それどころか、資源は直接的に経済を損なうだけでなく、その国の将来性をも傷つけている。天然資源は、最貧国が活用できる最大の資産である。わかっている自然資本だけでも、これらの国々がこれまでに生み出した資本の二倍にはなるだろう。その活用にもし失敗したら、経済開発における単独では最大の機会損失と言わねばならない。私は『最底辺の10億人』を発表した後も、この点について調査を続けてきた。この方面の調査は多くの研究者が手がけており、潤沢な資源に恵まれたことは喜ぶべきなのか忌むべきなのかは、経済学者の間で論争の的となっている。

天然資源の発見が国を災厄に追いやった例として、有名なものを二つ挙げておこう。シエラレオネのダイヤモンドは、共同体の絆をずたずたにした。ナイジェリアの石油は、政治の腐敗に拍車をかけた。これらは特殊なケースなのだろうか。たしかにボツワナはダイヤモンドのおかげで目を見張る高度成長を遂げたし、ノルウェーは石油のおかげで世界最高レベルの生活水準を謳歌している。いったい、「資源の呪い」は存在するのだろうか。もし存在するとして、それはもともと深刻な問題を抱えている国に限られるのだろうか。

最貧国の変革がなかなか進まない最大の原因はここにあると私は考えるようになった。自然資産から得られる収入は、どんな援助も霞んでしまうほど膨大である。これだけの収入が確保できるなら、どんな国も生まれ変わることができるだろう。もしそれで社会の変革が実現するなら、最貧国で資源の採掘を禁じるのは非生産的なだけでなく、貧困からの脱出を阻害する点で無責任と言わねばならない。だが逆に資源の存在が裏目に出るのなら、採掘しない方がよいという主張も頷けることになる。したがってこの問題について、資源の保存を主張する環境保護団体と貧困撲滅のために闘う開発推進団体が連携する余地は大いにありそうだ。

資源の呪いが存在するかどうかについては、意見が分かれている。この章を書いている最中にも『ニューヨーク・タイムズ』紙の記者から電話があり、この件でデューク大学のロバート・コンラッドに取材して記事を書いているという。コンラッドは、資源富裕国の平均所得は資源貧困国を上回るという調査結果を発表したばかりだった。私も同様の調査を行ってきたが、こと平均所得に関する限りコンラッドが正しいことは認めよう。だが話はそこでは終わらない。

私はベネディクト・ゴデリスと一緒に調査を行っている。ベネディクトはオランダ出身の若手経済学者で、ケンブリッジで金融分野の研究という有望なチャンスがあったというのに、それを蹴って、貧困国の調査のためにオックスフォードに来てくれた。いま読者がこの本を読めるのはまさに彼のおかげだから、社会にとってどちらが損失だったかご判断願いたい。私たちは、世界の資源輸出国を対象に過去四〇年間の経済指標を分析した。この作業に三年もかかったのだが、終わったと思った瞬間にまちがいを犯していたことに気づき、すべてをやり直す羽目に陥った（ベネディクトは「死にたい気分だ」とわめいていたが、ありがたいことに死なずにパブへ行った）。再度の作業には、なけなしの忍耐力と能力を使い果たしたものである。この種の統計分析は、コンラッドや私たちが初めてというわけではない。天然資源を持つ国と持たざる国の成長率を比較した先行研究があり、前者の成長率は後者より低いという結果が報告されている。これは一見すると、天然資源に呪われた証拠のように見える。だが「クロスセクション分析」と呼ばれるこの手法には重大な欠点があり、大半の経済学者は懐疑的だ。一言で言えば、因果関係を明らかにすることができないのである。もし資源の呪いが存在するとしたら、それは時間の経過につれて現れるはずである。言い換えれば資源の発見によって、経済の重要な部分が悪化していくと考えられる。したがって必要なのは国同士の比較ではなく、一つの国において資源収入が増加する前と後との比較である。

資源の呪い説に対してよくある反論は、資源依存度が高ければ呪いなどなくても低成長になる、というものだ。ここで、資源分布はランダムだと仮定しよう。したがって資源豊富な国もあれば、まったく恵まれない国もある。次に、最初の分布とはまったく関係のない理由から、一部の国が他国より高い成長率を示すとする。すると数十年が経つうちには、今度は最も資源依存度の高い国の成長率が最も低くなるだろう。これは単純に、高度成長を遂げる国では資源に依らない収入が増え、資源依存から脱却するからである。表面的にはこの現象は資源の呪いに似ているが、取り違えてはいけない。

経済学者はこうした成長を「内生的要因」に依ると説明する（馬と荷車の関係に喩えて説明することもある）。

資源の呪いなのか内生的成長なのかは、簡単な方法で識別できる。総所得に占める資源収入を調べるだけでなく、国民一人当たりの資源量も計測すればよい。国によっては、二つの数値に顕著なちがいが現れる。たとえばアメリカは一人当たりの資源量は多いが、資源に依存しない経済が発達しているため、総所得に占める資源収入の比率は低い。

ベネディクトと私は、最終的に共和分検定という比較的新しい統計手法を使うことにした。この問題に関しては、前例のない試みである。この検定を行った結果、資源価格が経済成長に与える短期的影響と、所得水準に与える長期的影響の両方を突き止めることができ、従来のクロスセクション分析と時系列分析との不一致と見えたものもうまく説明できるようになった。どちらも正しいが、期間が異なるのである。暫定的な結果を発表したところ、すぐに反応があり、私はアメリカ財務省に呼ばれて同国が議長を務めるG20（二〇カ国・地域財務相・中央銀行総裁会議）で発表するように言われた。

資源価格の高騰はよいことか

短期的にみれば資源の採掘はいいことずくめであり、成長率を大幅に押し上げる。たとえばある輸出資源の価格が資源ブーム中にほぼ二倍に上昇すると、その後三年間でその国の産出高は約五パーセント増える。その国の総生産が増えるのである。もっとも生産の拡大は、ある意味では資源ブームというケーキの上に乗っかった砂糖飾りのようなものだ。たとえ産出高が変わらなくても、同じだけ輸出して前より多く輸入できるのだから、所得は増えたことになる。一九九八年には一バーレルわずか一〇ドルだった石油が一〇年後には一四〇ドルを上回ったおかげで、石油輸出国は輸入を大幅に増やすことができた。コンラッドが、資源採掘によって、たとえ産出高が増えなくとも所得は増えると指摘したのは、このことを指している。だが開発途上国にとって、産出高の拡大は飾りではなくてケーキそのものである。産出高が増えなければ収入は維持できない。とは言え、すくなくとも短期的にみる限り、資源価格の高騰は資源輸出国に、所得の拡大と生産の拡大という二つの「大当たり」をもたらす。

では長期的にみればどうだろうか。ケインズ学派の始祖であるジョン・メイナード・ケインズは、次のような言い逃れをして長期的影響の予測を回避した――「長期的にはわれわれは皆死んでいる」。なるほどこの言葉は、資源輸出国の将来に待ちかまえる運命をまさしく言い当てている。私たちは、石油、石油以外の鉱物資源、農産品の三種類について商品相場高騰の長期的影響を調べた。影響の度合いは、言うまでもなく、ある商品がその国の経済にとってどれほど重要な地位を占めるかによって変わってくる。まずは、資源の中でもきわめて重要性の高い石油から始めよう。二五年間で原油価格が二倍に値上がりしたとき、GDPの三分の一を原油輸出が占めるナイジェリアでは、本来実現しうる経済成長率の約三分の二程度しか達成できなかった。またGDPの半分以上を原油輸出が占めるアンゴラでは、マイナスの影響は一段と大きかった。原油価格が倍になっても、長期的な成長率は本来の半分程度にとどまったのである。

こうしたデータから、石油は経済成長によからぬ影響を与えたことがわかる。これは石油だけの現象なのだろうか。国際石油資本の行動や産油国の政治家の途方もない物欲を勘案すると、原油価格の高騰はとくにおぞましい結果を招くと考えられる。なにしろ産油国の政治家は、輸出収入を贅沢品やまったく無駄なプロジェクトに費やしてしまうからだ。とは言えこうしたマイナス効果は、銅、ボーキサイト、コルタンといった他の鉱物資源にも見られる。これらの資源の輸出国も長期的にみれば産油国と同じ運命をたどり、GDPは本来あるべき水準を大幅に下回っている。こうした結果から、とGDPに関する限り、資源の呪いは存在すると言えそうだ。そして生産がが本来のペースで伸びなければ、所得が伸びる可能性も著しく損なわれる。しかし資源採掘は、GDPを増やしこそすれ、減らすものではなかったはずだ。

資源の呪いは、石油から他の鉱物資源、さらには農産物にまでつきまとうのだろうか。たしかに一部の農産物の価格変動性（ボラティリティ）は、石油や銅に劣らず大きい。だが農産物と鉱物資源には重大なちがいが一つあることを私たちは発見した。農産物の値上がりは長期的にプラスの効果をもたらすのである。この事実が、資源の呪いを解明するヒントとなる。

しかしまず、いま私がとくに関心を抱くアフリカについて話を続けさせてほしい。現時点で資源輸出はアフリカ全体のGDPの三〇パーセントを占め、きわめて重要な存在となっている。そこで私は、アフリカでは資源輸出国の経済成長と資源価格との間に何か特殊な関係性があるのかを、まず確かめたいと考えた。アフリカは中東を除く他のどの地域より資源輸出依存度が高いのだから、この点は重要な意味を持つ。アフリカは、資源を活用して経済成長をめざすやり方が他地域と異なっているのだろうか。

答はノーだ。アフリカのやり方が他地域と大きく異なるとは確認できなかった。アフリカが特殊と思われた点をいくつも調べた結果、同じような機会や課題であれば、アフリカの国々も世界の他の国々とほぼ同じ行動をとることがわかった。したがってアフリカの結果が他国と異なるとすれば、それは社会・経済構造が異なるからだと言える。つまり問題に対してとってきた選択が特異なのではなく、問題そのものが特異だったのである。

アフリカの資源管理が他地域と異なるかどうかを調べたのは、最近の商品相場の高騰がアフリカにもたらす影響の予測に他地域の事例を適用できるかどうか、知りたかったからである。大幅な相違がないとわかったので、私たちは他地域の結果を使ってシミュレーションをすることができた。分析の対象に取り上げたのは、アフリカの資源輸出国一四カ国である。一九九六年から二〇〇六年までの一〇年間で原油価格は三倍以上に高騰し、これらの国が輸出する他の鉱物資源も平均して二倍以上になった。これほどの価格高騰は、それ自体が重要であると同時に、経済への全般的な影響という点でも重要である。

分析の結果、短期的には、資源価格の高騰は資源輸出国の成長率を大幅に押し上げることがわかった。これらの国の二〇〇九年のGDPは、資源価格が一九九〇年代後半の水準のままだった場合に比べ、一〇パーセント増に達すると見込まれる。言うまでもなく、同じ量の石油や鉱物を輸出してもより多くの輸入ができるわけだから、所得はそれ以上に増えたことになる。これは、交易条件改善として知られる効果である。もともと輸出がGDPの三〇パーセントを占めていた国にとって、輸出価格が倍になれば、国民総所得の購買力はそっくり三〇パーセント増しになる。したがって輸出の拡大と交易条件改善を足し合わせれば、価格が横ばいだった場合に比べ、およそ四〇パーセントのプラス効果が期待できる。このように、短期的影響がきわめて好ましいことは疑う余地がない。

だが長期的影響になると、話はまったくちがってくる。アフリカが世界の過去のパターンをなぞるとしたら、資源ブームはごくゆるやかながらもマイナス効果をもたらし、二〇二四年には、ＧＤＰは本来実現すべき水準を二五パーセント下回るだろう。これは、じつに落胆させられる予想である。資源価格が大幅に上昇すれば、国際支援機関が夢に描く以上の所得が得られるのだから、多くの国で社会は変貌を遂げられるはずではないか。資源収入を適切に使えば、経済成長率と所得水準を押し上げ、暴力や社会不安を無視できる程度にまで減らすことも可能だろう。

今回の資源価格の高騰は、これまで不安定だった多くの国に平和な暮らしをもたらすはずだった。読者は、最悪のケースでも資源収入がすっかり浪費されるだけだとお考えかもしれない。だが実際には、それだけでは済まない。長期的には、経済はあるべき水準よりも大幅に縮小してしまうのである。だからと言って、資源収入がない方が社会にとってよかったという意味ではない。すでに述べたように、ＧＤＰが所得におよぼす影響は限定的であり、資源価格が高止まりしている間は、交易条件の改善によって所得は増える。またＧＤＰは、価格高騰がなかった場合と比べれば減ったとしても、現実には増えている。したがって差し引きすると、所得は、価格高騰がなかった場合の水準と大きくは変わらない。言い換えれば、資源の呪いはおおむね機会損失として現れる。

以上が、過去のパターンに基づく予測である。歴史は繰り返すとすれば、このところの資源価格の高騰は、長期的には機会損失を招く。ただしこれで済めばましな方で、最悪の場合には社会をだめにしてしまうこともある。したがって、歴史が繰り返さないようにすることが何より大切だ。そのための第一段階として、過去の機会が失われたのはなぜか、そのメカニズムを知り、原因を究明する必要がある。

資源の呪いはなぜ起きるのか

資源の呪いを説明する文献は数多くあり、諸説入り乱れている。ベネディクトと私は経済や政治分野の論文を徹底的に読みあさり、おおまかに六種類に分類した。その大半がなるほどと思わせるものばかりで、しかもれっきとしたデータの裏付けもある。研究者がそれぞれに説得力のある根拠を持ち出して論を展開しているので、最も妥当な説明はどれか、決めることはできなかった。こうなったら組織的にやろうということで、私たちは対立する理論の比較検討を行うことにした。

このとき注目したのが、同じ市況商品でも農産物と非農産物では価格高騰の影響はどうちがうか、という点である。どちらも過去に価格が高騰した例はあるが、農産物はその後の経過がゆるやかで、資源の呪いが現れたのはすべて非農産物だったことが判明した。農産物は本質的に再生可能であるのに対し、非農産物は再生できないというちがいはあるが、それにしてもなぜこの点が重要なのだろうか。ほとんどすべての再生可能資源では生産すなわち再生であり、今年の収穫は去年の投資の果実である。コーヒーを輸出できるのは、以前にコーヒーノキに投資したからだ。しかも競争があるから、投資収益が飛び抜けて高くなることはない。コーヒーはあちこちで栽培できるので、どこかの生産地が高い値段で売るわけにはいかないからである。したがって農産物による利益は、過去の投資と現在の労働の見返りとして相応なものとなる。これに対して鉱物資源は、投資や採掘作業を大幅に上回る利益をもたらす。そのために略奪の対象となりやすく、逆に農産物はなりにくいというわけだ。

だからと言って、再生可能な資源がおのずからうまく管理されていることを過大に評価するつもりはなく、農産物もときには略奪の対象になることがあることは認めなければならない。しかしそれは、ごく特殊な状況に限られている。そこで本章では、枯渇性の天然資源がたびたび略奪の対象となってきたのはなぜか、という問題に的を絞りたい。再生可能資源の略奪については、第3部で扱う。

採掘コストを上回る枯渇性資源の価値は、国民のものである。したがって政府は、国民に代わってその価値を確保すべきである。たいていの政府は、国民のために使うかどうかはともかく、資源の価値の一部なりとも取り上げようとする。天然資源は誰であろうと見つけた人のものだと決めているのは、世界中でアメリカだけである。アメリカは資源探鉱に「見つけたものは自分のもの」という原則を採用している。アメリカ以外の国では、天然資源の採掘で得られる価値の少なくとも一部は政府に帰属する（これに対して農産物は、投資と労働の見返りとして大半が農家に帰属する）。このことから、資源の呪いは資源収入の公的管理つまりは政府のガバナンスと何か関係があるのではないか、と推測できる。

しかしガバナンスを数値化するのはむずかしい。最終的に私たちは、民間機関である国際カントリーリスク・ガイド（ＩＣＲＧ）の格付けを利用することにした。ＩＣＲＧは毎年各国のカントリーリスクを計算し、有料で提供している。同社は長年にわたり民間企業として生き残ってきたのだから、格付けは十分に根拠があり信用できるだろうと考えたのである。まさかＩＣＲＧが集団幻想の上に成り立ってきたわけではあるまい（最近の信用格付機関の体たらくからすると、その可能性も捨て切れないが）。仮に同社がでたらめな数字を情報として売ってきたのだとしても、そのデータは分析に何の影響も与えないはずである。統計分析にランダムな数字を投入しても、それは単にノイズを加えるだけで、有意な結果は出ない。ありがたいことに、ＩＣＲＧから買った数字を投入した結果、私たちは金鉱を掘り当てたことを知った。ガバナンスがすぐれている国では、資源の呪いは現れない。資源価格の高騰がもたらす短期的なプラス効果は、長期的には一段と強化される。対照的にガバナンスのよくない国では、資源は呪われた存在となる。

だがここで、またしても馬と荷車の問題が出てくる。もともとガバナンスがお粗末なのか、それとも資源のレントに目がくらんでお粗末になったのか。私たちはこの問題に二つのやり方で取り組むことにした。一つは簡単な方法、もう一つはいくらか高度な方法である。まず簡単な方では、ＩＣＲＧの格付けが最初に計算された年（一九八五年）のガバナンスだけを分析に投入し、その後の資源発見によるガバナンスの劣化は無視する。このやり方では、先ほどと同じ分析結果が出た。すなわちガバナンスの弱い国では資源の呪いが現れ、すぐれた国では資源価格の高騰が長期的にプラス効果をもたらした。この結果から、石油がノルウェー経済をゆたかにする一方で、ナイジェリアを荒廃させたのは、そもそものガバナンスのちがいにあったと言うことができる。

とは言え、よいガバナンスと悪いガバナンスを分ける一線はどこにあるのだろうか。ちょうど合格ラインぎりぎりなのが、一九八五年のポルトガルである。当時のポルトガルは独裁と革命から一一年しか経っておらず、ヨーロッパでは最も政治体制が不安定だったが、民主主義は機能していた。ボッワナは、合格ラインよりすこし上である。同国の政治はＯＥＣＤの基準からすればお粗末だが、公正だったし、部分的ながらも民主主義が導入されていた。政権交代はないが、それでも他の低所得・資源輸出国に比べればはるかにましだった。これでガバナンスに関する馬と荷車問題が片付いたので、次に偽の結果を識別するための統計検定という、やや高度な手法を実行した。こちらの検定でも、結果は同じだった。私たちが分析した限りでは、当初からのよからぬガバナンスが呪いの主因と判断できた。

そうは言っても、「ガバナンス」という概念はじつに不正確で曖昧である。悪いガバナンスは、いったいどんな具合にして、資源収入によるせっかくのチャンスを潰してしまうのか。ここでも、いくらか限定的ながら、統計的手法から答を導き出すことができた。考えられる限りの要因を検定に加えていって、集合的にガバナンスの統計的有意性を打ち消すような要因を特定したのである。

経済学者が資源の呪いを考えるときに決まって思い浮かべるのは、「オランダ病」である。この病気は、最初の顕著な症例がオランダだったため、こう呼ばれるようになった。北海で天然ガスが発見されると、オランダ・ギルダーが高騰し、同国の輸出産業が衰退したのである。このように資源輸出が増えるとその国の通貨は高くなり、結果的に成長を阻害することが多い。したがってすくなくとも定性的には、通貨高は呪いを招く説明となりうる。そこで私たちは分析項目に為替レートを加え、検定を行うことにした。その結果、通貨高は重要な影響要因であるものの、これもガバナンス次第であることがわかった。ガバナンスのすぐれた国では資源収入は通貨高につながらず、逆にガバナンスが悪いと通貨は急上昇している。

オランダ病はここ三〇年ほど経済学者がしきりに論じているが、実際には避けられない現象ではない。たとえば資源輸出収入をインフラ整備に充当すれば、他の輸出産業の競争力を高められる。その好例がマレーシアで、輸出収入を活用して産業の多様化を進め、いまでは資源以外にもたくさんの品目を輸出している。同国の国民一人当たりの外資獲得額は、他のどの開発途上国よりも多い。ボツワナはダイヤモンドの輸出収入を賢く活用し、世界でトップクラスの高度成長を遂げた。ノルウェーは石油の輸出によりヨーロッパで最もゆたかな国になっている。

こうしたことから、資源の呪いを招く要因としては、通貨高のほかに官民両部門の過剰消費と過小投資が考えられる。消費と投資は、統計的にはガバナンスの影響を説明する大きな要素であるが、完全に説明できるわけではない。多数の国の長い期間にわたって入手可能かつ実証可能な代理変数はなかなかないので、統計的手法を応用できるケースは限られている。おそらくは、現時点で適切に計測できないものの中に手がかりがあるのだろう。私たちの採用した手法では、何らかの現象（たとえば通貨高）を資源の呪いの原因と認めるためには、世界の多くの国で長期にわたって比較対照できるような測定値を必要とする。たとえば身内や利益集団への再分配などは、悪いガバナンスの要因として大いに有望だが、先の基準をクリアできないため分析対象にできなかった。

資源富裕国で民主主義は機能するか

悪いガバナンスが資源の呪いを招く主要因だとして、歴史は繰り返さなければならないのだろうか。それを防げないなら、私たちの研究は意味がなくなってしまう。

ここで再び政治を分析する必要がある。これまで述べてきた分析作業は一九六三―二〇〇三年のデータに基づいているが、最底辺の一〇億人の国々では、この期間中の政治体制と言えばおおむね独裁だった。無駄に費やされた一九七〇年代の資源ブームの際に国を率いていたのは、独裁者だったということである。だが一九九一年にソ連が崩壊し民主政治が広まると、状況は大きく変わった。したがって、必ずしも過去のパターンから、将来の資源ブームに対する各国の資源管理を推測できるとは言えない。民主主義の普及によってガバナンスが向上し、資源の呪いが過去の遺物になる可能性もある。この点は、最底辺の一〇億人の国々が今後一〇年間で直面する最も重要な問題と言えるのではないか。

私は『最底辺の10億人』を書いたときからこの問題を考え始め、当初の分析結果を同書の中で簡単に説明しておいた。その後に研究は進展し、現在ではもうすこし確実なことが言える状況になっている。この作業は多くの研究を共にしてきたアンケ・ホーファーと共同で行い、「ネオコンの主張を検証する」というタイトルの論文にまとめた。このタイトルは冗談で付けたわけではない。ネオコンと呼ばれる新保守主義者がイラク侵攻を正当化するために掲げた根拠をまとめに解釈すれば、「資源豊富な中東に民主主義を打ち立てる」ということになる。その実現のためにどのような武力手段を行使するかはさかんに議論されたが、この目標自体の合理性が十分に検討されなかったことが、いまでは明らかになっている。そこで私は、資源富裕国の場合、民主主義はすくなくとも経済面に関して正しい処方箋といえるのか、調べたいと考えた。

民主主義は、説明責任を伴う。国民が選挙権を持つということは、政府を平均的な有権者の要求に従わせる力を国民が持つことにほかならない。では、選挙は政府に経済政策の改善を促すのだろうか。

この問題を私はフランスの若手経済学者リザ・ショーベと調査し、選挙には大きな力があることを確認して勇気づけられたものである。有権者と向き合う必要に迫られると、政府はましな経済政策を講じるようになる。選挙に関して重大な留保条件は一つあるものの（これについては後で述べる）、表面的には民主主義の浸透によって資源富裕国のガバナンスは向上し、資源の呪いから抜け出せそうに見えた。

それでもなお私は、選挙の力も資源富裕国には効き目がないのではないかと懸念した。なぜなら、資源収入は特別だからである。自然資産には本来的な所有者がいない。したがって一般の市民や企業が所有することはできない。資源による収入は、労働による所得と同じようには認識できない。それどころか、資源収入はまったく表に現れないことさえある――誰も気づかないうちに政府の懐に入ってしまうのだ。

国家が労働者や企業の所得に税金をかけて取り上げようとすれば、反対が湧き起こるし、国民は使途を知りたがる。だが天然資源を売って得たお金が政府の懐に直行しても、多くの場合反対は起きない。じつは最底辺の一〇億人が暮らす国の多くでは、国家とは国民に公共財を提供する存在だと認識されたことが一度もない。かつて植民地だったこれらの国々では、国家という概念がなじんでおらず、恐怖の根源とみなされていることが多い。ある現地語では、「政府」とは「白人の仕事」と訳されているほどである。こうした背景から、政府が資源収入を自分のものにしても、国民から指弾されることはまずない。

経済学の特徴の一つは、「最大化する行為」を想定して変化の影響を予測することである。すなわち、変化が「最大化行動」にどのような影響をおよぼすかだけを分析する。私たちもこのアプローチを採用して、資源収入が政治指導者の行動にどのような影響をもたらすか、探ることにしよう。ここで、まったく残念なことだが、政治指導者は聖人ではないと仮定する。それどころではない。はっきり言えば、国家のものをできるだけたくさん懐に入れようとする。だが国家の収入源が税金しかない場合には、指導者はジレンマに陥る。増税をすれば、やがて国民は見返りが何もないと怒り出すだろう。税金をとられた国民は監視の目を厳しくし、政府に透明性を要求する。したがって政治家としては、あまり税金を取り立てて面倒を起こしたくはない。そうは言っても税収なしでは国庫は空っぽになってしまうし、懐に入れるものもなくなる。かくして政治家は、増税はしたいが国民の厳しい監視は逃れたいという二律背反に直面することになる。そしてうるさく言われずに着服を最大化できる税率はどのあたりか、頭を悩ます。

指導者が下す決定は、石油のような天然資源による収入があるときとないときでは、どう変化するだろうか。資源収入がない場合には、損得がとんとんになる税率を設定するだろう。つまり、懐に入れる得と、国民の監視が厳しくなる損とが拮抗する税率である。しかし資源収入があれば話は変わってくる。国民にあれこれ言われずに済む所得を確保できるのである。このときに国民から所得税を取り立てていれば、やはり透明性が要求されるだろうし、税収から着服する分も、それに何より重要な資源収入からの着服も、巻き添えになりかねない。国家予算の透明性に対する要求は、あらゆる収入におよぶからである。そこでよこしまな政治指導者は、税率を低く抑える強い動機を持つことになる。それどころか、税金をすっかり廃止することさえある。こうしておけば、資源収入からの着服を最大化できるからだ。

私たちが構築したモデルでは、よからぬ政治家は資源収入を一ドル使うと所得税を一ドル引き下げるという行動をとる。もちろん、現実にこうした行動が起きるわけではない。資源収入以上に税金を減らすとか、あまり減らさないといった、もうすこし複雑なモデルも構築可能である。だが何と言っても、単純なモデルの結果は衝撃的だ。資源収入があっても国家の収入がすこしも増えない場合、一般国民の生活水準向上のために使われるべき政府予算がどうなるか、考えてみてほしい。歳入が変わらないということは、減税で国民の目を逃れた悪しき政治家が懐に入れるお金の分だけ、公共投資が減ることを意味する。したがって、国家予算を正しく使っていたら買えたはずの公共財、たとえば教育や医療は、資源収入があったがために減ってしまうことになる。天然資源が発見された国で長い間に何が起きたかはこれで説明がつくし、このことから、資源富裕国が資源貧困国とどうちがっていくのかを予測することもできる。いま私は資源収入というお金の問題として説明したが、「努力」の問題と捉えることも可能である。すなわち、政治指導者は国民による監視の不在につけこんで資源収入を着服したが、それは同時に、監視の不在を利用して経済政策の改革という困難な課題を回避したとも言えるからだ。

経済的な分析については、これくらいにしておこう。とりあえず、資源収入がもたらす影響を説明することができたし、国民に投票権を与えれば政府の行動に歯止めをかけられるという固定観念に反証を示すこともできた。このことから、資源富裕国では資源貧困国ほどうまく民主主義が機能しないと予想できる。

資源の呪いについてベネディクトと行った共同研究は、資源収入が持続可能な成長におよぼす影響に的を絞っていた。政治制度の評価に使えそうな指標はたくさんあるが、やはり成長率は重要な指標だと考えられる。最底辺の一〇億人に決定的に欠けているのは成長であるし、資源収入はその成長をもたらすはずのものである。そこでアンケ・ホーファーと私は、民主主義が資源富裕国の経済成長にどのような影響をおよぼしてきたか、という問題に取り組むことにした。分析に当たっては、成長率の四年ごとの移動平均をとり、短期的な変動を排除した。そして資源収入と民主主義が成長におよぼす影響を見きわめるために、可能な限り多くの国を可能な限り長期にわたって分析した。私たちがとくに知りたかったのは、資源豊富な民主主義国家のように、二つの要因が組み合わさった場合である。この組み合わせはよさそうに見えるが、実際にはそうではなかった。最初の分析結果に私たちは落胆した。資源のない民主主義国家では成長率は伸びているが、資源が豊富だと成長率ははるかに低いのである。したがって資源収入は民主政治を堕落させ、独裁から脱皮するどころか助長させるように見える。もう一つ、資源収入があると政府の説明責任が低下するという残念な結果も出たが、これは偶然の一致ではあるまい。

これらはまだ最終結果ではない。今日多くの経済学者が因果関係の解明に使うこの種の実証研究には、落とし穴が多い。ある国の民主主義が機能しているかどうかは経済実績から判断してよいかもしれないが、他にもっとよい指標があるかもしれない。そのうえ、ある国が資源豊富かどうかを判断する私たちの基準にも重大な欠点がある。私たちは資源輸出が国民所得に占める比率を指標として使ったが、現実にはガバナンスが悪くて成長できない国は所得が少ないため、資源輸出の比率が高くなりやすい。すると、高い資源輸出比率が「原因」で低成長という「結果」が出るように見えるが、この解釈はおそらくまちがっているだろう。

この点を解決するために、私たちは世界銀行が二〇〇〇年に行った各国の確認済み埋蔵量データに注目した。国別の確認済み埋蔵量の多寡は、探鉱事業の実施状況に大きく左右される。ガバナンスの悪い国では探鉱調査が活発でないため、鉱脈はなかなか発見されず、したがって国民一人当たりの確認済み埋蔵量は少ない。こうして一国の資源量について、ガバナンスの影響が逆方向に作用する二つの指標を入手することができた。国民所得に占める資源収入の比率はガバナンスが悪いと高まり、逆に国民一人当たりの資源量はガバナンスが悪いと減る。それぞれの指標について私たちの分析結果が有効なら、ガバナンスの因果関係を見誤っている可能性は低いと言える。

民主主義に関わるさまざまな因果関係の可能性を分析に採り込むのは、はるかにむずかしい。国が民主的かどうかとは関係があるが天然資源の有無とは無関係の独立変数を導入するために、私たちは他の研究文献を参考にした。たとえば私たちが採用した指標の一つに、移民の死亡率の推移がある。この数字は、ある国への移民流入数に強い影響を与え、移民の流入数は、その国が民主的になるかどうかに強い影響をおよぼす。こうした変数を導入してロバストネス（頑健性）テストを何度も行ったが、結果は同じだった。民主主義と資源収入は相性が悪いのである。とは言え、状況はいくらかよくなってきている。民主政治と言うと、私たちはすぐに選挙を連想する。一般市民が政府の命運を決するのだから、たしかに注目に値する現象ではある。だが私たちが選挙のことばかり注目するのは、成熟した民主国家に生まれ育つという幸運に恵まれたために、民主主義に伴う選挙以外の要素を当たり前と受け止めているからだ。民主主義は選挙だけで成り立つのではない。政府を律するさまざまなルールがあるからこそ機能するのである。民主主義が根付いた国では、政府は国庫からポケットに入れることはできない。予算の編成から使途にいたるまで、高い透明性が求められる。だが政府が腐敗している国では、まさに反対のことが起きる。リベリアでは、エレン・ジョンソン＝サーリーフ大統領が率いる現政権になるまで、大臣は中央銀行に対して自分の個人口座に送金するよう命令していた。このあからさまなやり口を監視する制度が存在しないことを、大臣連中は当たり前だと思っていた。命令された中銀の側も、従う以外に選択肢がないことをよく知っていた。不正な送金を差し止める仕組みはなかったし、仮に差し止めようものなら生命の危険があった。

成熟した民主国家では、政府は（どれほどやりたくても）反対者を葬り去ることはできない。メディアを介した運動をやめさせることもできない。反対者をクビにするとか、公共サービスの対象から外す、といったこともできないし、もちろん刑務所送りにすることもできない。そんなことをしようものなら、自分で自分の首を絞めることになる。さらに、成熟した民主国家では選挙は公正に行われる。すくなくとも、有権者を憤慨させるような不正行為はめったにない。目に余る不正行為があれば国民が怒るので、政府は対応せざるを得ない。政府に対するこうした抑制が、民主主義では不可欠なのである。

政治学者は、こうしたチェック・アンド・バランス（抑制と均衡）の計測を試みている。指標の一つとなるのが、政府高官からの不当な指示（たとえばリベリア政府高官から中銀への送金命令）を阻止できる独立した機構、言わば「関所」がいくつ設けられているか、ということである。この指標を分析に導入したところ、顕著な影響を確認できた。資源富裕国ではチェック・アンド・バランスがきわめて大切であり、関所が十分な数だけ備わっていれば、民主主義は機能するようになるはずだ。さしたる資源のない国の場合には、もともと選挙も公正に行われているし、チェック・アンド・バランスが経済のパフォーマンスに影響を与えるとは言えない。一方、資源富裕国における民主政治の腐敗の一因は、票の争奪戦にあると考えられる。資源のない国では、賢明な経済運営をしないと有権者の支持を得られないので、選挙には政府の行動を律する効果がある。しかし資源富裕国の場合には、チェック・アンド・バランスがしっかりと働かない限り、潤沢な収入が選挙を蝕むと考えられる。

したがって資源富裕国では、とくに強力なチェック・アンド・バランスが必要になる。だが不幸なことに、現実はまったく逆になっている。資源収入を得られるようになると、数十年のうちには次第にチェック・アンド・バランスが効かなくなることがわかった。資源富裕国で政治家の略奪を阻止する仕組みが無力化される理由は、誰にでも容易に想像がつく。

選挙は権力の濫用に対する有力な抑止機能となりうるが、資源富裕国ではなぜこの機能が働かないのだろうか。この問いに答えるために、私は再びアンケとともに新たな研究に取り組んだ。まずは世界各国から七〇〇件以上の選挙のデータを収集し、公正に行われたものとそうでないものとにおおざっぱに分類した。不公正な選挙では、候補者の排除から、有権者への贈賄や脅し、さらには得票数の集計ミスを装うなど、あの手この手の戦術が使われている。そこで最初に、こうした不正戦術が選挙結果に影響を与えているかどうかを調べた。驚くことではないが、答はイエスである。現職政治家はさまざまな影響力を駆使できるうえに、こうした不正戦術も駆使すると、在任期間を平均の三倍近くに延ばすことができる。

したがって政治家には、不正を働く強力な誘因があることになる。すると今度は、現実に不正が実行可能かどうかが問題になる。私たちは、選挙が公正に行われるかどうかは社会構造の特徴によって説明できることを発見した。それぞれの社会構造のちがいを足し合わせていくと、公正な選挙の実現可能性を左右する大きなちがいとなる。たとえば典型的なアフリカ社会の構造特性を分析すると、公正な選挙が実現する可能性がわずか三パーセントしかない。これに対してインドでは、八〇パーセントの可能性がある。社会構造を特徴づける重要な要素の一つがチェック・アンド・バランスであり、それは関所の数で計測できる。関所の数が多いほど公正な選挙の実現可能性は高まり、逆に言えば、不当な命令を拒否できる機構がろくにないまま選挙を導入するのは、トラブルを招く。現職の政治家が不正戦術を駆使して最初の選挙で勝利してしまえば、その後はチェック・アンド・バランスの確立を阻止することが彼らの利益になるからだ。

ところが資源収入があると、公正な選挙の実現可能性は一挙に下がってしまうことがわかった。資源の呪いはまことに大きかったのである。ここで、二つの架空の国AとBを想像してほしい。この二カ国は、天然資源を除くすべての特徴が世界平均と一致するものとし、A国は資源収入がゼロ、B国は国民所得の半分を資源収入が占める（高い比率だが圧倒的に高いとまでは言えない）。この二カ国で選挙を行うとどうなるか、私たちは分析してみた。その結果、A国では公正な選挙が行われる可能性は九五パーセントであるのに対し、B国ではわずか三四パーセントだったのである。豊富な天然資源は、あきらかに公正な選挙の実行可能性を押し下げていた。

ところで、選挙が公正に行われなかったとして、それはほんとうに重大な問題なのだろうか。政治の観点から考えれば、そのような質問をすること自体が愚かであろう。民主国家においては、選挙は政府に説明責任を果たさせ、それによって選ばれた政府に正統性を付与するという役割を果たしており、選挙が不正であれば、この基盤そのものが崩れてしまう。だが経済の観点からみたら、どうだろうか。

先に述べたように、私はリザ・ショーベとの共同研究で選挙が経済政策を向上させるかどうかを調べ、選挙の洗礼に直面した政府が重要な経済政策の改善に取り組むことを確かめた。このときに、選挙に関して留保条件をつけたことを覚えておられるだろうか。アンケと私は公正な選挙と不公正な選挙に分類し、選挙の公正性が重要な意味を持つことを確認した。不公正な選挙には、政府の行動を律する効果は望めないのである。以上の点から、控えめに言っても、不公正な選挙が経済政策の改善に寄与するとは期待できない。

そして単刀直入に言えば、選挙プロセスが堕落すると経済政策は悪化する。資源富裕国の場合には、とりわけその危険性が高い。チェック・アンド・バランスが備わっていない資源富裕国に民主主義を導入しても、経済が好転しないのは、おそらくこのためである。

最後に、どうすれば選挙に勝てるのか、という問題を考察しておこう。私たちの他の分析結果から一つ言えるのは、公正な選挙が行われている国では、政府は経済政策の向上に真剣に取り組んでいる、ということである。なぜなら、経済が好調であれば選挙に勝利する確率はぐんと高まるからだ。たとえば選挙前の四年間に経済成長率が五パーセントを記録したら、現職指導者の任期は、景気が低迷した場合より六〇パーセントも長くなる。対照的に公正な選挙が行われない国では、経済が好調でもあまり効果はなく、好景気だった場合の任期の伸びは二〇パーセント以下にとどまる。このため政治指導者は、国民全体の利益ではなく身内の利益を優先した経済政策に走りやすい。

ボツワナは、成長の謎と言われる国の一つである。同国の特徴から考えると、悲劇に向かってもおかしくない。国は小さく、独裁者が私物化しやすい。資源が豊富で、利権政治に陥りやすい。しかも内陸国であり、ダイヤモンド採掘以外にはこれといった成長機会がない。にもかかわらず、ボツワナの経済運営は世界でもトップクラスである。

その理由は、私たちの分析結果からもうかがわれる。この方面ではベンジャミン・ジョーンズとベンジャミン・オルケンによる著名な先行研究があり、指導者に原因があるとの結論が示されている。指導者の交代によって、経済のパフォーマンスは大幅に変化するのである。アンケと私はこの研究を踏まえ、さらに選挙の公正・不公正という要因を分析に投入した。公正な選挙が行われれば、多くの指導者がお払い箱になるのではないかと考えたからである。指導者が本心では何を望むにせよ、公正な選挙の洗礼を受けるとなれば、最善の努力をせざるを得ない。分析の結果、指導者の交代が大きな意味を持つのは、不正な選挙の下で指導者の個人的利益の優先が可能だった国であることが確かめられた。このような場合、指導者が何を優先するかが一国の経済を左右する。ボツワナの成功は、初期の指導者が自己の利益を顧みず国家の繁栄に尽力したおかげではないか、と私たちは考えている。彼らが私腹を肥やすことに熱心だったら、ボツワナの揺籃期の政治制度では、それを阻止することはできなかっただろう。したがってボツワナは、初期の指導者に感謝しなければならない。同じ理由から、いまだに貧困に喘ぐ資源富裕国、たとえばアンゴラなどの政治指導者は、糾弾されてしかるべきである。

以上のように私たちの研究から言えるのは、「資源豊富な中東に民主主義を打ち立てる」というネオコンの主張は無知もはなはだしい、ということである。選挙によって政府の行動を律し、適切な決定が下されるようにするためには、不正防止などさまざまな仕組みが必要であり、それが信頼を得るまでには長い時間がかかる。資源の豊富な国はそうでない国にも増してよい政府を必要とするが、資源の存在自体が制度の構築をむずかしくしている。ネオコンはその状態に終止符を打ちたかったのだろうが、彼らのやり方では目標は達成できなかった。

資源活用のための決定の連鎖

では、どうしたらよいだろうか。いまでは、ガバナンスと資源が相互に影響をおよぼすことがわかっている。資源のレントはガバナンスを蝕み、資源が発見されなかったときより社会が悪くなってしまうことがある。その一方で、資源を社会の利益のために活用するには、よいガバナンスが欠かせない。トニー・ベナブルズと私はこの相互関係をモデル化しようと試み、ガバナンスのクオリティと資源の活用の間には閾値効果が成立しうることを発見した。これは、ベネディクトとの実証研究の結果とも一致する。すなわち、ガバナンスがある水準（閾値）以上であれば、資源は呪いをかけず、国を繁栄に導く。しかし水準以下であれば、足を引っ張ることになる。

「ガバナンスのクオリティ」という表現はやや曖昧だが、一連の決定が賢明に下され適切に実行されるかどうかの基準を表すと理解してほしい。枯渇性資源を国民の生活向上のために活用するには、重要な決定を一度下せば終わりではなく、一連の決定を次々に下す必要がある。最初に下すべき重大な決定は、資源を採掘するかどうかだと読者は思われたかもしれない。たしかにその決定は下さなければならないが、それは他の条件次第であり、むしろ最後に下すべき決定である。

一連の決定で最初に下すべきなのは、自国の領土内に眠っているはずの天然資源を探すかどうかである。第4章では、この段階でなぜ重大な判断ミスが起きやすいかについて論じる。次の決定は、誰がその資源から価値を得るか、ということである。それは政府であるべきだが、実際にはどうなっているかについて第5章で論じる。政府が価値の大半を確保したとして、次なる決定は、政府収入のどの程度を消費に回し、どの程度を将来世代のための資産の取得に充てるか、という問題になる。正しい答は、こうだ。資源収入の一部について、社会は公共部門・民間部門で分配し消費する正当な権利がある。しかし資源収入を消費に回す比率は、他の政府収入に比べるとはるかに低くしなければいけない。この問題は第6章で扱う。さて、社会が資源収入の一部だけを適切に消費したとしよう。すると最後に、消費しなかった分の資源収入をどのように投資するか、という問題が残る。資産の適切な選択は、その社会が利用できる投資機会によって決まる。この問題は第7章で検討する。どの問題も自然資産の管理に特徴的なものであり、決定はどれもむずかしい。富裕国の多くでは、国家の収入に占める資源収入の比率はかなり低いため、いま挙げた一連の決定にさほど注意を払っていない。しかし最底辺の一〇億人の国々にとっては資源がはるかに重要な意味を持つため、決定をないがしろにすると重大な結果を招くことになる。

最底辺の一〇億人の国々における経済政策のあり方を巡る議論には、富裕国の政策論議がほぼそのまま投影されている。私は、アフリカの資源富裕国の会合に招かれた二〇〇九年三月になって初めて、そのことに気づいて衝撃を受けた。その会合には国際通貨基金（ＩＭＦ）の高官も招かれていた。その高官が行う巧みなパワーポイントのプレゼンテーションを見ているうちに、この説明は世界中のあらゆる政府に対して行ってきたものと同じだと気づいたのである。財政赤字を減らさなければいけない、投資を呼び込みやすい事業環境を整えなければならない、云々。それらはたしかにまちがいではないが、資源豊富な低所得国が直面する決定の特殊性が考慮されていない。しかもどの決定を下すにも、非常な困難を伴う。たとえば「自然資産の価値は政府に帰属する」と言うのは簡単だが、実行するには、動機や誘因といった厄介な要因が絡んでくる。政府が目先の利益のために将来の大きな利益を失う可能性は高く、利権争いが過熱するリスクも大きい。資源が絡むと、政府高官が私利私欲に駆られるケースが頻々と起きる。

資源を活用して繁栄を実現できるかどうかは、先に挙げた一連の決定に懸かっている。鎖は環が一カ所でも切れると全体が使い物にならないのと同じように、決定の連鎖も弱い環があると全体がだめになってしまう。したがって自然資源の活用は、最も弱い環の問題に帰着する。

そのうえ、どの決定も一度下せば終わりというものではない。資源を採掘して貧しい社会をゆたかな社会に変えていくのは時間がかかる――おおむね一世代はかかるだろう。始めに賢明な決定を下したとしても、後になって覆されてしまうかもしれない。略奪の危険は、つねにそこにある。だから決定の連鎖が健全であることを繰り返し確認しなければならない。

決定はどれ一つをとっても重要であり、かつ困難であり、しかも後に覆される危険をはらんでいるのだから、資源採掘が繁栄に結びつかない可能性はきわめて高い。採掘の可否は、その社会が一連の決定を賢く下し最後まで貫けるかどうかを見きわめたうえで決める必要がある。決定と実行の健全性を維持できる可能性は一つだけあると私は考えており、これについては最終章で取り上げる。だが採掘が繁栄に結びつく条件が整っていないと合理的に判断しうる状況で、資源開発に加担する人たちは、略奪をけしかけ後押ししているのである。自然資産の正当な所有者である政府は、その受益者となるべきではない。決定の連鎖次第では犯罪的な行為が生まれかねないからだ。全体が正しくなるためには、個々の決定が正しくなければならない。出所を知りながら盗品を売る故買商が盗みに加担したとみなされるように、資源採掘の是非の判断を正当性によらずに潜在的受益者が下すのは、略奪に加担するようなものである。

とは言え潜在的な受益者が誰なのかを知るためには、決定の連鎖を理解する必要がある。以下の章では、鎖の環を一つひとつ解きほぐしていくことにしよう。

第4章　自然資産の発見

自然資産は、本来的な所有者がいないため略奪されやすく、脆弱な存在と言える。人類ははるか昔から略奪をしてきたので、まだ地球上に残っている枯渇性資源があるとしたら、それは掘り出すのがむずかしいからにほかならない。そうした資産は地中深く眠っているため、「地下資源」と呼ばれる。地下資源は、どこにあるのだろうか。

四つのグループに散らばる資源

世界は現在一九四カ国で構成されているが、すでに述べたように、これらの国を便宜上おおまかに四等分することができる。ＯＥＣＤに加盟する富裕国、最底辺の一〇億人の国々、ロシアと中国およびその衛星国、そしてインド、ブラジルなどの新興市場国である。各グループは、それぞれ地球の陸地面積のほぼ四分の一を占める。

地下資源の存在によって国境が定められるケースも、たまにはある。たとえば英領植民地の開拓者たちは中央アフリカに銅鉱脈があるとの噂を聞きつけ、南アフリカ共和国から北部へ向かう鉄道を大急ぎで敷設した。そして現在のザンビアに当たるところで豊富な鉱脈を発見し、保護領とした（もっとも、南アから三〇〇〇キロも離れたところにばかり目を向けていたため、現在のコンゴ民主共和国の南東部に存在していたもっと豊富な鉱脈を三〇以上も見落としてしまった）。しかし一般的には、国境線が地下資源の存在に応じて決められることはまずない。したがって、地下資源は国境とは関係なくランダムに分布していると考えるのが妥当である。

そのうえ、各グループに属す国はランダムに散らばっている。グループ内の国を足し合わせれば陸上面積のおよそ四分の一になるが、オレンジを四つ割りにしたような具合に塊で四等分を形成するわけではない。地下資源は一九四カ国にランダムに分布しており、かつグループを形成する国々が地球上にランダムに散らばっているのだから、大数の法則が働き、地下資源はグループ間で均等に分布すると予想しておかしくない。すなわち一九四カ国にランダム分布しているために幸運な国と不運な国の格差は大きくても、十分に大きなグループにまとめれば、国同士の差は均されて小さくなるはずである。

どれかのグループには自然資産がとくに豊富な国が属す確率が高いといったことがあるなら、何らかの法則性があると考えられる。豊富な資源が急成長に直結するなら富裕国は地下資源に恵まれているはずだし、逆に豊富な資源が成長を阻害するなら最底辺の一〇億人の国々が地下資源に恵まれていることになる。前章で述べたように、さまざまな事例を見る限り天然資源の存在は成長にとってプラスになることもあればマイナスになり、どちらに転ぶかは当初のガバナンスのクオリティ次第である。

したがって、天然資源豊富な国がすべてOECDに所属するとか、資源のない国はみな最貧国だといった、極端な集中化は起きないはずだ。いや、自然資産の活用は容易でないため、むしろ資源豊富な国が最底辺の一〇億人グループに入る確率は際立って高くなると考えられる。したがって最底辺の一〇億人グループは、一般にOECDグループより天然資源に恵まれていると推定できる。

このようなパターンを予想する理由は他にもある。OECD加盟国は過去二世紀にわたって産業に必要な地下資源を採掘してきたが、最底辺の一〇億人の国々では最近始まったばかりだということである。たとえば英国は、一九世紀に掘り始めた石炭の大半と一九六〇年代に発見した石油の大半を使い尽くしてしまった。こうした背景から、枯渇性資源に頼って工業化に成功した富裕国よりも、最底辺の一〇億人の国々の方に多くの天然資源が残されていると考えられる。この予想は、「最底辺の一〇億人の国は資源豊富であり、貧困国には自然が、富裕国には産業がある」という一般の認識とも一致する。

すでに述べたように、世界銀行は二〇〇〇年に世界各国の地下資源の「棚卸し」を行っている。アンケと私はそのデータから国ごとに一平方キロメートル当たりの地下資源の平均価値を計算し、グループ別の平均値を求めた。OECDグループでは、単位面積当たりの埋蔵量の価値は、平均一一万四〇〇〇ドルである。つまり二世紀にわたって採掘を続けてきたにもかかわらず、ありがたいことにまだまだ開発の余地は大きいことがわかった。

この一一万四〇〇〇ドルという数字をグループのとりあえずの基準値として、次に最底辺の一〇億人の国グループに移り、まずはこのグループに属すアフリカ各国の平均を計算した。ゆたかな天然資源に恵まれているというのがアフリカのイメージであり、世界経済を概観すると、アフリカは豊富な天然資源をアジアなどの新興市場に輸出して自国産業の育成に充当するという構図が思い浮かぶ。私たち自身も、アフリカは四グループの中でとりわけ天然資源が潤沢だと考えていた。略奪のおぞましい歴史が一部にあったとはいえ、そもそも地下資源の採掘が始まったのは富裕国よりはるかに遅いからである。最近の講演で「アフリカと富裕国とでは、単位面積当たりの地下資源の価値はどちらが大きいと思うか」と質問したところ、参加者も九九対一でアフリカに軍配を上げた。だが実際には、最底辺グループに属すアフリカの単位面積当たり埋蔵量の価値は、わずか二万三〇〇〇ドルに過ぎない。アフリカの資源は、ひどく少ないのである。豊富な資源に恵まれているように見えるのは、他の資産がないからで、たしかに人工資産に比べれば、地下資源は豊富と言える。最底辺グループのアフリカは、同じグループに属すアジアや中南米の国々と比べても平均値が低い。これらの国々を加えると、最底辺グループの平均値は二万九〇〇〇ドルになるが、いずれにせよＯＥＣＤグループとの差は歴然としている。

いったいなぜ最底辺の一〇億人の国々は、富裕国に比べてこうも地下資源に乏しいのか。面積は富裕国グループとほぼ同じなのだから、統計学的な確率から言えば、地球上にランダムに位置する巨大な二つのグループにこれほどの大差が付くとは想像しにくい。だがよく考えてみれば、世銀の棚卸しは確認済み埋蔵量だけを対象にしており、地下資源の総量ではない。発見されていない資源を査定対象に含めることはできないからである。誰かも言っているように、語りえぬものについては沈黙しなければならない。

二つのグループの鮮明な差については、二通りの説明が可能だ。第一は、最底辺の一〇億人の国々は、並外れて不運だったというものである。この説明を推し進めるなら、富裕国が富裕になった一因は自然資産に恵まれていたからだということになる。第二の説明は、最底辺の一〇億人の国々には、富裕国より多いとまでは言わないがすくなくとも同程度の資源が眠っており、まだ探していないだけだというものである。この説明が当たっているかどうかを確かめるには、探鉱活動の記録を調べるという方法がある。たとえば地質学的に見て有望な地域について試掘調査の回数を数えてみると、最底辺の一〇億人の国では試掘回数がはるかに少ないことがわかった。

最底辺の一〇億人グループの地下資源が少ないように見える説明としては、こちらの方が適切ではないだろうか。いやもっと言えば、埋蔵量が富裕国と同程度という仮定は控えめに過ぎよう。採掘が始まってから日が浅いことを考えれば、富裕国よりはるかに多くの資源が眠っていると見込まれる。

最底辺の一〇億人の国々で確認済みの埋蔵量が富裕国の四分の一程度しかないのは、残り四分の三がまだ発見されていないからである。これは、次の三つのことを意味する。第一に、最底辺の一〇億人の国々に眠っている自然資産は、これらの国にとって願ってもないチャンスとなりうる――これは、本書を貫くテーマでもある。資源の価値は膨大であり、賢く活用すれば社会を大きく変えることができるだろう。すでにアフリカの資源収入は、援助や他の収入を上回っている。二〇〇八年にはアンゴラ一国の原油収入が、最底辺の一〇億人の国々向け援助合計額の二倍を超えた。これが四倍になれば、OECDグループ並みになる。OECDグループにしても、探鉱や試掘のコストが嵩むため、領土内をくまなく調査済みというわけではない。技術的改善もひんぱんに行われているので、つねに新たな調査を実施する余地がある。しかも掘削技術の進歩により、それまで採算に合わなかった鉱床が商業生産可能になるケースもめずらしくない。したがって、最底辺の一〇億人の国々の確認済み埋蔵量を四倍にした数字は、まだ発見されていない資源の価値の最小値に過ぎない。

第二に、今後世界で発見される天然資源は、最底辺の一〇億人の国々の中でも政治的問題を抱える地域にかなり偏ると予想される。採掘しやすい資源はもはや発見済みだからである。最底辺の一〇億人の国々で発見が進むかどうかは、必須資源の将来的な供給を確保するうえで、きわめて重要な意味を持つ。この傾向はすでに進行中であり、二〇〇〇年には世界の原油生産に占める最底辺の一〇億人の国々の比率はわずか七パーセントだったが、二〇〇八年には一〇パーセントを上回っている。

そして第三に、最底辺の一〇億人の国々が富裕国の四分の一程度しか資源を発見できていないとすれば、発見プロセスに何か非常にまちがったところがあると推定できる。本章ではこの三点目について検討したい。

発見のジレンマ

資源の発見プロセスはどうあるべきなのだろうか。避けたいのは、長期にわたって打ち捨てておかれたり、逆にゴールドラッシュよろしく大勢が殺到したり、という両極端の事態である。現在の技術では、地下に何があるのかを正確に探り当てるには、非常にコストがかかる。技術が進化すればもうすこしコストは下がると見込まれるため、それが国土全体にわたる調査を一斉に行わない理由になっている。一方、こと鉱脈探しに関する限り、情報は隠しにくいので、ゴールドラッシュを誘発しやすい。最初の発見自体が他の人にとって有益な情報となる。つまり、ある人の行動が期せずして他人に利益をもたらすのである。経済学ではこのような効果を「外部性が働く」と言う。

これは結構なことのように聞こえるが、実際にはそうとは言えない。最初に行動を起こす人は他人が得る利益など眼中にないが、社会にとって有益な決定を下すためには、そうした利益も考慮しなければならない。このことを経済学では「外部性を内部化する」と言う。その方法は二つあるが、どちらをとっても独占を招く。第一は、領土内で探鉱調査を行う独占的権利を政府が民間企業に売る方法で、これは民間企業による独占になる。国土全体となれば調査には数十年かかる可能性もあるため、独占権は数十年におよぶことになる。第二は、政府自身が探鉱調査をする方法である。直接行ってもいいし、専門の企業を雇ってもいい。

ごく特殊な状況では、民間と契約しても政府が調査した場合と同じ結果が得られるかもしれない。大手の鉱山会社が長期独占権に相応の対価を政府に払い、政府が直接手を下した場合と同じだけの価値を発見してくれる可能性も、なくはない。だが通常は、このような取引は社会に好ましい結果をもたらさない。ここで、同じような例として、実用研究の土台となる基礎科学研究を考えてみよう。こうした基礎研究でも外部性を効かせられるから、どこかの企業に丸投げすることは可能だ。だが実際にそんなことをする国はめったにない。基礎科学研究の多くは、営利企業ではなく政府や公的な財団が予算を付けるのが一般的である。まさに同じように、最初の地質調査は国家予算で実施することが望ましい。最初の調査によって、詳細な探鉱調査を行う地域を絞り込むことができる。

世界でまだ調査されていない地域の多くは、最底辺の一〇億人の国々に属している。たとえばシエラレオネ、リベリア、コンゴ民主共和国などだ。これらの国では、営利企業が不当に安い権利料で、一世紀にもおよぶ独占的探鉱・採掘権を獲得するケースが少なくない。これはなぜだろうか。

いちばんはっきりしている原因は、賄賂である。企業が交渉する相手は、将来世代も含めた国民の利益を代表し、公共の利益を守ることを使命とする一人または少数の人間である。しかし彼らは、個人の利害にも無関心ではない。しかも一般国民には、これをどうすることもできない。企業との交渉を監視する手段もないし、仮に何か疑いを抱いたところで、訴える術を持たない。そうした事情を重々承知している企業には賄賂をつかませる誘因が働き、相手には受け取る理由がたっぷりある。なにしろ動くお金は巨額なのに監視の目は行き届かないのだから、どんなことが行われてもおかしくない。賄賂は交渉を担当する役人にも企業にも不当な利益をもたらす。そのどちらも、一般国民を犠牲にしているのだ。

賄賂ほど目に付かないが、経済学者が「情報の非対称性」と呼ぶものも原因である。たとえばこの言葉を読者が知らず私が知っていたら、それはすでに情報非対称である。ここでは、グローバル・コッパー・インコーポレーテッドという架空の会社がギニアビサウの大臣と交渉中だとしよう。グローバル・コッパーは銅鉱床の探査に豊富な経験を持ち、すでにその道の最高級の専門家を雇って、鉱床発見の可能性や予想される先物価格で利益を上げる可能性を見積もっている。対するギニアビサウ政府は、銅山のことなど何も知らない。たぶん国際法律事務所ぐらいは雇っているかもしれない。そして弁護士たちは、一見無害そうだがじつは危ない契約条項について政府に警告を発すべく最大限努力するだろう。こうした状況で、その後一世紀にわたるギニアビサウの銅鉱床探鉱・採掘権にどのぐらいの価値があるかをよく知っているのは誰だろうか。情報の非対称性が存在するときは、情報を多く持っている側が少ない側より得をする。となれば結果は明らかだ。グローバル・コッパーは、不当な安値で探鉱・採掘権をせしめることになる。

さらに目につきにくいが一段と重要な原因として、経済学者が「時間不整合性」と呼ぶ問題がある。この問題は、探鉱・採掘権の契約に際して政府の約束が信用できないときに発生する。政府というものは国家の主権者であるがゆえに、自らの約束に法的拘束力を持たせにくい宿命にある。政府が結ぶ契約は、何によらず自国の法廷で破棄することが可能だからだ。そこで抜け目のない企業には、うまい話は長続きしないと察しがつく。ここで私たちはグローバル・コッパーに敬意を払い、同社の経営陣はバカではないと仮定しよう。するとこの場合に、時間不整合で損をするのは政府になる。企業というものは、いくら双方に利益があるとしても、反故にされかねない契約をわざわざ結ぶほどお人好しではない。その結果政府は、得られたはずの利益の分け前を取り損なうことになる。言ってみれば、欲を出して肉を失うイソップの犬のようなものだ。これまでに起きた中で最大級の時間不整合契約といえば、コロンブスがスペイン国王と取り交わしたものである。コロンブスは冒険に出発する前に、航海中に発見した土地で見つけたものは何であれ、その四分の一は自分の子孫が未来永劫所有してよいとの約束を国王から取り付けた。かくしてコロンブスは未知の海に乗り出し、アメリカ大陸を発見する。だが読者もご賢察のとおり、国王は約束を守らなかった。コロンブスは、グローバル・コッパーほど賢くはなかったようである。

時間不整合性の問題は、次章で発見済み地下資源の採掘税を取り上げる際に、再び検討することにしたい。主権が消滅しない限り、時間不整合性の問題もなくならない。だがひとたび地下資源が発見されてしまえば、この問題の重大性は大幅に薄れる。すでに発見されている資源を掘る権を売るのと、あるかどうかわからない資源を探す権利を売るのとでは、幸運という要素の点で大きく異なるからだ。ビジネスから運の要素を完全に排除するのは不可能ではあるが、それにしても貴重な資源を探す場合、結果があまりにちがいすぎる。価値の高い資源がまったく見つからないか、あるいはどっさり見つかって巨額の利益が上がるか、どちらかになる可能性が高い。投下資本に対してほどほどの利益が上がるというのが、通常の投資案件では最も起こりうるケースであるが、探鉱の場合はまずない。このように結果が両極端に分かれるため、時間不整合性の問題は一段と先鋭化する。

問題が起きるのは、グローバル・コッパーのような民間企業がもはや後戻りできない決定を下してしまった後になって、政府が約束を破る動機を持っている場合である。たとえばここに、地質学的なことがほとんどわかっていない地域があり、何も発見されない確率は九〇パーセント、五〇億ドルの利益が上がる確率は一〇パーセントだとする。グローバル・コッパーのエコノミストはこの数字をもとに、「期待値」なるものを計算するはずだ。これは、起こりうる結果に単純に確率を掛けた数字である。すると探鉱調査の期待値は、五〇億ドルの一〇パーセントで五億ドルになる。それに、探鉱コストが二億ドルかかるとしよう。これは先行費用であり、何も発見できなかったら丸損になる。からっぽの試掘坑など、誰にとっても何の価値もない。したがって原理的にはグローバル・コッパーは、期待値からコストを差し引いた三億ドルを探鉱権に払ってよいはずである。政府はこの三億ドルを分割払いなどで受け取ることもできるが、ここでは話を単純にするために、前金で一時払いにするとしよう。政府はグローバル・コッパーに法人税を免除すると約束したうえで、契約締結時に三億ドル全額を払ってほしいと要求する。

この状況でグローバル・コッパーが探査権に三億ドル出すのを渋るのは、なぜだろうか。答は、結果が両極端の二通りしかないからである。悪い目が出たら、探鉱コスト二億ドルは回収できない。それはまあ、そういう商売だから仕方があるまい。だがいい目が出たときのことを考えてみてほしい。五〇億ドルの利益が上がるのだ。そうなった場合、政府はきっと約束を覆す誘惑に駆られるだろう。グローバル・コッパーの利益が、コスト（探鉱二億ドルおよび権利料三億ドル）を四五億ドルも上回るのを、黙ってみてはいられまい。同社を追い払ってしまえば、どこかよその会社に四五億ドル近い値段で採掘権を売ることができる。ひょっとすると政府は約束を守ろうとするかもしれないが、その場合には、国の大切な資産を二束三文で売り渡したと野党から攻撃されるだろう。たしかにグローバル・コッパーはわずか三億ドル払っただけで、探鉱コストを差し引いても四八億ドルを手にするのだから。

グローバル・コッパーの賢い経営陣はこれらのシナリオを検討し、税金はゼロだという約束は時間不整合だと気づく。そして、権利料をできるだけ値引きさせようと企むだろう。こうした反応を招くのは、政府が全額前金で要求するからかもしれないので、今度は探鉱調査を行う時点で、採掘事業の収入に対して課税する方式が提案されたと仮定しよう。この方式なら、銅が発見されなければ納める必要はない。それでもグローバル・コッパーは、探鉱コストをカバーするだけの利益は確保する必要がある。ところが探鉱コストが確定した数字であるのに対し、利益が上がる確率は一〇パーセントに過ぎないから、課税の下限は二〇億ドルに設定しなければならない。この状況で運よく銅鉱床が発見されたら、探鉱コストの二億ドルに比べ、税引き後利益の二〇億ドルはいかにも巨額にみえるだろう。だがこの二〇億ドルは、いま述べたとおり、当てにはできない利益なのである。

言うまでもなく、いま挙げたのはすべて仮定の数字である。だが本稿を執筆してから校正をするまでのわずかな間にも、ガーナ政府とアメリカのコスモス・エネルギー社の紛争が発生した。時間不整合の問題は、単なる仮定の話ではないのである。

公共財としての地質調査

では、この問題にどう取り組めばよいのだろうか。資源探鉱の公共財としての性格を考えると、単一の事業体に発注する方が、効率的に外部性を内部化できる。その一つの方法として、国土全体の探鉱・採掘権を単一企業に独占的に売り渡す方法が考えられる。だが時間不整合性を考慮すれば、この選択肢はあり得ない。探鉱事業はきわめてリスクが大きいため、低所得国の政府では負担しきれないと一般に言われている。だから、外国企業にやらせる方がよいという理屈である。しかしリスクの大半は地質学的なものではなく政治絡みだという点を考えれば、この主張は正しくない。企業にしてみれば、政府そのものが評価対象にすべき不確実性であるから、政府が約束を守らないリスクを織り込んで探鉱・採掘権の価値を計算することになる。しかし政府自身が探鉱コストを負担するのであれば、当然ながらそのリスクを考慮する必要はないから、よりよいコストパフォーマンスが期待できる。だからといって、政府自身の手で探鉱を行うにはおよばない。最底辺の一〇億人の国では、政府がおそろしく管理能力に欠けているうえ、探鉱は高度な専門技術を要する作業である。したがって、定評ある専門企業に地質調査を委託するやり方が望ましい。

政府が信頼できる地質調査の結果を入手した暁には、その情報は公共財として公開できる。調査結果が資源の存在を保証するわけではないが、その後の詳細な探鉱作業を大幅に短縮してくれる可能性は高い。鉱床発見の確率が一対一〇から一対二まで下がれば、時間不整合性の深刻度も小さくなる。もちろん鉱床にうまく行き当たればグローバル・コッパーにとって大いに好ましいことはまちがいないが、コストと利益の比率は、もはや常軌を逸した数字ではなくなるはずだ。そうなれば、ご都合主義の政府に将来裏切られる可能性も小さくなる。

このように、地質情報はある地域の探鉱・採掘権の価値を明らかにするだけでなく、政治的リスクを減らす働きもする。さらに、探鉱事業の不確実性が小さくなるため、権利を区画ごとに切り売りしてもさほど非効率ではなくなる。政府が単一企業との独占契約にする方が効率的だったのは、こうした外部性が存在したからだった。鉱区ごとの個別契約方式では、国土全体の権利を同時に売らなくてよいというメリットがあり、自然資産の採掘ペースを政府がコントロールすることができる。しかも権利を売る時期をずらせば、ある鉱区の探鉱・採掘中に得られた情報から他の鉱区について確度の高い情報を得られるというメリットもある。そうなれば、後から売る鉱区の不確実性は一段と小さくなるので、より高値で売れるようになるだろう。政府は探鉱・採掘の進捗に伴って得られた情報を公表し、将来売る鉱区の価値を高めることが可能だ。

とは言えある程度大きな鉱区でないと、鉱山会社にとって魅力的ではないので、政府にとっては、かなりまとまった鉱区の権利を販売する方が利益に適う。一般に採掘事業では規模の経済が働き、大きな鉱山ほど単位面積当たりの採掘コストは小さくなる。この事実は、南アフリカでの出来事が雄弁に物語っている。南ア政府は、その方が利益になると考えたのか、小さな区画ごとに縦坑を掘らなければならず、ひどく効率がわるい。そこでデビアスを経営するセシル・ローズは、小さな鉱山会社を吸収して規模の経済を実現すれば、採掘コストを圧縮でき、権利の価値は一段と高まる、と気づく。そして規模の経済は必然的に独占に行き着く。デビアスは着々と統合を進め、小粒の企業をすべて傘下に収めるにいたった。利益の大半を手にしたのは、切り売りを画策した政府ではなく、当然ながらローズだったのである。

地質調査に伴う高いリスクを考えれば、その資金手当は援助によるのがよい。この種のリスクを引き受けるのは、政府よりも支援機関の方がふさわしいと考えられる。たとえば世界銀行のような国際機関であれば、最底辺の多くの国々で調査を支援してリスク分散を図ることができる。資源発見の確率が一対一〇の場合、一〇カ国で調査を行えば、全体のリスクは無視できる程度まで小さくなる。

以上のように、最底辺の一〇億人の国々では基本的な地質調査は公共事業として行われるべきであり、その資金調達は主に援助に依るべきである。だがそうしたことは、まったく行われていない。たとえばザンビアでは、政府の地質調査官によれば、地下資源に関する最新の情報はなんと一九五〇年代のものだという。その後、主要道路から一〇マイル以上離れた場所では資源は一切発見されていないそうだ。私は最近、主要鉱山会社が主催するある国際会議で講演をし、民間企業に採掘権を売る前に政府が基本的な地質調査を行うべきだと述べたところ、大顰蹙を買ったものである。どうやら私は何か重大な読み違いをしていたようで、自分の提案がそういう受け取られ方をするとは思ってもみなかった。おそらく企業は、私の提案が意味することに気づき、それに不快感を抱いたのだと思う。

これまでのところ国際支援機関は、見映えのいい事業に資金を投じる傾向がある。たとえば村に学校を建設するとか、地方に診療所をつくる、といったことである。政府が行う地質調査に資金援助すると言ったら、人道的ＮＧＯからも環境ＮＧＯからも一斉に非難されるだろう。そう考えただけで、大半の開発援助機関は腰が引けるにちがいない。しかしこの種の調査は、リスクが大きいからこそリターンも大きい。私の知る限りでは、現時点で地質調査の無償援助を申し出ているのは中国だけである。

本章では、自然資産を巡る決定連鎖について、採掘されるのを待っている資産の「発見」という最初の環を取り上げた。この環にはこれまでさして注意が払われてこなかったが、実際にはたくさんの過ちが犯されている。単純に量の問題で言えば、最底辺の一〇億人の国々にとって大きな問題は、自然資産が略奪されてきたことよりもむしろ、まだ発見されていないことにある。

第5章　自然資産の価値の確保

自然資産が発見されたら、決定連鎖の次の環は、その価値を社会のものにすることである。「社会のものにする」とは、自然資産の価値を、社会の代表である政府の収入とすることである。最底辺の一〇億人の国では、あるべき姿と実際の姿の間に落差があることが多く、自然資産の価値も必ずしも国庫に入るとは限らない。ときにはあからさまな略奪が起きる。たとえば手の汚れた大臣がいかがわしい資源会社と取引し、巨額の報酬をせしめて外国の銀行口座にため込む。かくして資源会社は不当な利益を手にし、それは株主を潤すが、自然資産を奪われた国の民を潤すことはない。

このような例では、問題は大きく分けて二つある。一つは、探鉱事業の場合と同じく、賄賂である。国家の利益と国民の利益は政府が代表することになっているが、実際にはそれは一握りの人間である。たいていは大統領、鉱業担当の大臣、そして何人かの政府高官だ。資源会社はこれらの代表者に賄賂を進呈し、国民の利益に資するという職業上の義務を無視するようそそのかす。もちろん賄賂が「賄賂」と表現されることはない。「取引円滑化費用」などという名目で、得体の知れない役務に対して、実質所有者のはっきりしない現地会社に支払われる。

賄賂を防ぐには

贈収賄を防ぐ方法は二つある。一つは透明性を高めること、もう一つは実効性のある法制度を整備することである。そもそも政府が贈収賄の一方の当事者であるため、透明性の確保にも捜査の実施にも乗り気でない。しかし幸いにも、どちらも国際的な圧力で実現することが可能だ。

たとえばグローバル・ウィットネスという小さなNGOが始めた「支払い内容公表 Publish What You Pay」運動では、鉱山会社から資源産出国政府に支払われた資金の流れの開示を迫った。こうした情報が開示されるなら、企業の支払額と国庫への入金額が一致するか国民がチェックできるので、役人や政治家が掠め取るのはむずかしくなる。収入が政府の予算に組み込まれれば、あとは議会が追跡調査できるが、歳入にカウントされる時点までは監視の手段がない。この運動は、いまでは採取産業透明性イニシアチブ（EITI）という国際的な組織に発展している。

透明性を確保するだけで汚職が防げるわけではないにしても、透明性を確立できない場合には、略奪は非常に起きやすくなる。私は数年前にカメルーンで開かれた国際会議に招かれ、アフリカ各国から集まった政府高官を相手に資源管理について講演したことがある。会議の冒頭では、慣例通りまずは大統領が開会を宣言し、続いて大統領に対して、国家の発展に尽くした長年にわたる努力に大げさな賞賛が寄せられた。会議が開かれたのは同国で最高と評判の、たしかにすばらしいホテルである。だがこのホテルには、インターネット接続の設備がなかった。会議が終わると、私は首都ヤウンデから港湾都市ドゥアラまで車で行った。カメルーンにとってだけでなく、内陸国である中央アフリカ共和国にとっても輸送の大動脈となる幹線道路を走ったのである。そして、こう結論せざるを得なかった――大統領がオイルマネーをどれだけ国のために投じたか知らないが、開発に必須の通信にも道路にも予算は届いていない、と。

コートジボワールの経済学者アルベルト・ズーファックとカナダのベルナール・ゴーティエが、カメルーンの原油収入の行方について、二〇〇九年に共同研究を行った。同国にはどれだけ収入があって何に使われたのかに関する公式データがほとんど存在しなかったのだから、まことに野心的な研究である。彼らは断片的なデータをつなぎ合わせて、みごとな成果を上げた。採取産業透明性イニシアチブの一環として公表された生産データに加えて、コストや販売価格に関するデータをさまざまな情報源から収集し、政府の収入がどれだけあったはずかを推定したのである。そしてこの推定値と、政府予算案で公表された歳入とを比較した。

その結果、大統領が結構な額を懐に入れていたことが判明する。それどころか一九八六年までは、オイルマネーの大半を国から持ち出し、外国の銀行の秘密口座に預けていた。当時、この行為は思慮深いとして世界銀行から誉められたものである。隠しておけば、国民から使えと圧力をかけられずに済むからだという。一九八六年に原油価格が暴落すると、大統領はたしかに秘密口座の資金を一部自国に還流させ、政府の支出に充当した。だが資金の大半は戻らず、跡形もなく消えてしまった。当時もその後も、国内向けの投資は行われていない。私があの国で見た、いや見られなかったのは、まちがいなく氷山の一角にすぎまい。

こうしたわけだから、透明性の向上は重要である。現在ではカメルーンは、採取産業透明性イニシアチブの原則の実施国となっている。この原則では、政府は監査済み収支報告を公開し、収入の明細を明らかにする責任がある。すくなくとも英語版ではそうなっているのだが、残念なことに仏語版は一つ重要な点がややあいまいで、カメルーン政府はある種の情報の開示義務を免除されたと解釈しているらしい。アルベルトとベルナールは、カメルーン政府のＥＩＴＩ参加表明以降も調査を続け、予算に計上される原油収入が増えたかどうかを調べた。そして、これまでのところ増えていないとの結論に達している。透明性を巡る闘いは、まだ終わりそうもない。

贈収賄を国際的な圧力によって防ぐもう一つの方法として、資源会社の本社のある国で罰則規定を設けることが考えられる。会社が賄賂を上乗せしなくなれば、政府高官もポケットに移すことはできない。つい最近まで、こうした会社が本社を置く富裕国では、この種の行為が違法ではなかった。どこの国の政府も、率先して自国企業を不利にしたくはなかったためである。結局はＯＥＣＤが乗り出し、加盟国の国内法を統一的に改正することでこの問題に決着をつけた。だが、何かを違法と定めることと、それを実際に取り締まることとは別問題である。英国を筆頭にいくつかの国の政府は、捜査などを一切やろうとしなかった。私は重大不正監視局（ＳＦＯ）から、初めて訴追手続きをとるので専門家として証人になってほしいと依頼されたのだが、これはつい先日のことである。立場上この件について詳細をお話しするわけにはいかないが、一つだけ読者にぜひ知っておいてほしい事実がある。なぜ賄賂が社会にとって致命的な害悪となるのか、この事実を知ればおわかりいただけるだろう。ある人物が賄賂を受け取り、それが数年間にわたって続いた。この人物は、当初は中級官僚だったのだが、潤沢な賄賂のおかげで政界に打って出ることが可能になる。彼はうまいこと国会議員になった（選挙ではいかに札束が有効かについては、第３章を参照されたい）。やがて汚職が問題視されるようになるが、その頃には彼はさらに出世して、ついに大臣になる。それも、その国の経済を支える重要な産業を担当するようになった。このように、賄賂は単にお金の問題にとどまらず、政治家の選別によからぬ影響を与えるという代償を伴う。賄賂が幅を利かせたために、誠実な政治家、すなわち自己の利益ではなく国家の利益を考える政治家が落選してしまう可能性は高い。

情報の非対称を解決する

堕落した官僚が外国企業から賄賂を受け取るというこの一見単純な行為は、資源収入にまつわるもう一つのもっと複雑な問題をはらんでいる。汚職大臣自身が、おそらくは賄賂をもらった当の企業にだまされているということだ。なぜなら前章でも触れた情報の非対称性で、大臣は不利な側にいるからである。つまりこの大臣は、自分が結んだ契約のほんとうの価値を、相手ほどには知っていない。

情報非対称の問題は、制度設計によって解決できる。すなわち採掘権を競争入札にかければよい。入札は厄介な事態を招く可能性もあるが、無知な政府が抜け目のない企業と対等の立場に立てるというメリットがある。ただし、入札には複数の企業が参加しなければならない。経験的に言うと、四社程度の応札が望ましい。もしA、B二社しかいないと、談合の危険性が高い。両者は事前に調整し、最初の入札ではAが、次はBが落札するように工作するだろう。逆に二〇社もの企業が応札する場合には、杜撰な見積もりが続出する可能性がある。権利の価値を正確に見積もるには十分な調査が必要であり、それには相応のコストがかかるが、それさえまかなえないような安値を入れてくるだろう。応札企業がどこもろくに現地調査をせずに無茶な安値で札を入れ、どこかの企業がたまたま落札するような状況は、けっして政府にとってよい結果にはならない。このように、入札がうまくいかないケースもある。しかしうまくいけば、同程度の情報を持っている企業数社が応札することによって、たとえ政府が何も知らなくても、権利のほんとうの価値が意図せず明らかになる。

ここで、入札の効果を示す例を一つ紹介しよう。二〇〇〇年に英国財務省がきわめて貴重な権利を売ることを決めた。といっても天然資源ではなく携帯電話網だが、入札の効果を論じるうえで本質的なちがいはない。財務省は手持ちの知識を総動員した末にある通信会社と交渉に入ることを決め、適正価格は二〇億ポンド（約三五億ドル）程度と見込んだ。しかし英国の納税者にとってはじつに幸いなことに、ぎりぎりの瀬戸際で経済学者が財務省を説得し、どれほど権威ある専門家であっても情報非対称の不利な側に置かれる可能性があることを認めさせる。そして財務省がめずらしく経済学者の助言を聞き入れて権利を入札にかけた結果、なんと二〇〇億ポンドで売ることができた。私はアフリカ政府の友人たちに言ったものである。英国財務省の高度な知識をもってしても、一〇分の一の値段で売ってしまう可能性があったとすれば、あなた方の国の財務省が探鉱権の交渉をうまくやれるだろうか、と。これを聞いた翌日にシエラレオネの大統領は世界銀行に電話し、入札のやり方について助言を求めた。

ただし政府は、一回の入札で自然資産にまつわる一切の権利を手放すようなことはすべきでない。企業が採掘事業で将来上げる収入に対して課税する余地を残し、自国の資産に対する相応の権益を確保しておくべきである。とはいえ、政府がのちのち好き勝手に税率を決められるのでは、企業が買うのは結局のところ、根こそぎ税金で持っていかれるような収入を生み出す権利になってしまう。そのような権利に高値はつくまい。したがって、入札を適切に実施するだけでは十分ではない。企業が札入れ価格を決める前に、政府が将来の税法について正確な情報を提供する必要がある。

税のジレンマ

税制というものは、さまざまな面で悪い設計になりやすい。まず、企業が納税額を少なくするために、わざわざ非効率なことをして税引き前利益を減らしたくなるようにしむける。また、世界の商品相場が高水準ならどっと税収が入り、下落すれば激減するという具合に、政府に過剰なリスクを転嫁する。税収がこれほど大きく振れたら、政府にはとても対応しきれない。さらに、税率が低くて企業に過剰な利益をもたらすこともある。採掘権が入札にかけられるのであれば、何も問題はないと思われるかもしれない。企業は利益を見込んで高値で応札するから、税収が少ない分も埋め合わされるはずである。ところが企業にしてみれば、例の時間不整合の問題から、この低い税率の約束というのが当てにならない。政府が低税率を約束することと、その約束を守ることとは別物なのである。資源会社が最初の投資をした瞬間に、たとえば採掘坑を一本掘ってしまった瞬間に、政府にとっての利益計算は変わってくる。掘る前であれば、約束をすることに取引上の意義があったが、後になると、約束を守ることに意義があるとは思えなくなる。鉱山会社には、後戻りできない投資をした瞬間に、サンクコスト（埋没費用）が発生する。だから政府が約束を違《たが》えて税率を引き上げたとしても、会社としては鉱山経営を続けざるを得ない。選択の余地はほとんどないのである。こうした事情をあらかじめ見越した企業は、入札の際に、低い税率を当て込んだ高値を入れるようなことをしなくなる。

政府は、資源収入の大半は権利の落札価格によってではなく、実際に採掘が始まってからの法人税の形で徴収することを入札前に周知しておけば、時間不整合の問題をある程度は減らすことができる（とはいえ完全に排除するのはむずかしい）。したがって政府は、可能な限りの法的措置を講じて、そうした税構造の固定を図るべきである。しかしもっと確実なのは、制度設計によって税の非効率を防ぎ、また偶発事象への対応策を契約に組み込んでおくことである。

ここで言う「偶発事象」の典型例が、商品相場の変動である。商品価格というものは、きわめて変動性が大きく、しかも長期平均を予想しがたい。価格変動リスクをすべて資源会社が引き受ける場合には、結果的に会社側にとって、うますぎる契約になる可能性がある。事実、まさにそれがザンビアで起きた。世界の銅価格が史上最低の水準まで落ち込んだとき、同国の主要銅山を所有していたグローバル企業アングロ・アメリカンは撤退を決意する。しかし閉山にすれば、大量の失業者が出るなど政治的に悲惨な結果を招くことは必定なので、政府は再国有化するか、新たな買い手を探すか、二者択一を迫られた。この銅山を黒字に転換させる最善の方法は、さらに深く掘削して新たな鉱床を見つけることだ、と政府は考えた。だがそのためには巨額の投資が必要であり、そんな資金的余裕はない。そこで政府は外国企業を誘致するしかないと決め、銅山採掘にきわめて低率の優遇税制を用意した。この誘致策は功を奏し、ある企業が名乗りを上げる。このとき、ザンビア政府もその顧問役も大事なことを忘れていた——世界の銅相場が十分に上昇すれば、銅採掘事業は再び黒字になる、ということである。この事実を失念していたため、契約には偶発事象に関する条項が一切盛り込まれなかった。それどころか、低い税率が契約締結後一五年にわたって無条件で保証されたのである。おそらく政府も相手企業も、銅価格の上昇はまずないと考えていたのだろう。

ところが契約締結から五年と経たないうちに、世界の銅相場は上昇し始めた。そして二〇〇八年には史上最高値に達し、契約企業に巨額の利益をもたらす。税率保証を契約に盛り込んでしまった結果、政府は銅ブームからほとんど恩恵を得られなかった。同国からの銅の輸出は二〇億ドル前後に達したが、税収はわずか三〇〇〇万ドルにとどまったのである。電力を優遇料金で提供していたことを考えれば、税収は実質的にはもっと少なかった。世界銀行の推定によれば、ザンビアが他の銅輸出国（たとえばチリ）と同じ税率を課していた場合、税収は年間八億ドルに達したはずだという。

当初契約の設計はまったくまちがっていたのであり、このような状況では、契約の変更を交渉すべきだと私は考える。契約再交渉の是非を巡っては、激論が戦わされた。ザンビア政府と国際機関のスタッフに意見を聞いたところ、どちらも、政府は評判を守るべきだと答えた。だが私には、ザンビア政府の評判に年七億七〇〇〇万ドルの価値があるとは思えない。しかし念のために、私はある国際機関のトップのところまで話を持っていった。スタッフが侍《はべ》るサッカー場ぐらいの大きさのオフィスに案内されたときのことは、いまもよく覚えている。相手は私の話に耳を傾け、数字を確認し、手元の紙に何かメモしていたが、やがて私とスタッフに一瞥をくれた後、「彼らに必要なのは経済学者ではない、弁護士だ」ときっぱりと言った。私は心の中で快哉を叫んだが、残念ながらこの件はハッピーエンドとはならなかった。政府は最終的に契約の再交渉にこぎ着けたが、話し合いは紛糾し、かつ長引き、確実に同国の評判を落とした。しかもようやく新たな税制が運用される運びとなったその月に、グローバル金融危機が発生し、銅価格は急落してしまったのである。相手企業はただちに政府に対し、新税制を廃棄せよと圧力をかける。ところがなんとしたことか、数カ月後には銅価格が再び上昇したのだ。本稿を書いている時点では、税率は低く銅価格は高いという状況になっている。

いまにして思えば、税構造には偶発事象を織り込んでおくべきだった。国際商品相場の変動は、起こりうる可能性があるのではなく、確実に起きるものである。しかも、価格変動が収益におよぼす影響は、容易に計算できる。したがって、もともとの契約条項にそれを盛り込んでおかなかったのは、手落ちと言わざるを得ない。

一方、不正と情報非対称の問題は、残念ながら解決できていない。この問題は専門家の間でも繰り返し議論されていて、ひどく複雑そうにみえるが、実際にはきわめて単純なことである。要は、政府が収入を確保するのに超過利潤税を使うか、ロイヤルティ（いわゆる鉱区税）を選ぶか、という問題に帰結する。ここで、製造会社と鉱山会社を比べてみよう。ともに利益を上げるとしても、製造会社の利益が投資とリスクテークの見返りであるのに対し、鉱山会社の利益は、一部は同じく投資とリスクテークの見返りであるが、そのほかに鉱物資源を売って得る利益がある。そして場合によっては、採掘コストやリスクはごく少ない一方で、資源が膨大な価値を持つときがある。このようなときには、鉱山会社の利益の大半は、本来国民のものである自然資産を売って得た利益で占められることになる。これは、超過利潤である。経済学者は、「利益」とは資本とリスクの見返りであると定義しており、それを上回るものは何によらず超過利潤、すなわちレントとなる。とはいえ、地下資源のレントは均一ではない。たとえば原油一バーレルの価値の大半はレントだが、石炭一トンの価値の大半は、採掘に投じられた資本と労働の見返りである。

税務当局と企業が完全に同じ情報を持っているのであれば、理想的な課税方式は、経常利益に対しては製造会社と同じ税率（たとえば三〇パーセント）とし、超過利潤すなわちレントに対しては九〇パーセントとするやり方である。レントはその性質上、資本やリスクの見返りではないので、レントを生み出したことに対して手厚く報いる必要はない。このような課税方式にすれば、ロイヤルティではカバーできない分を超過利潤税で徴収することができる。ロイヤルティは純利益ではなく売上高にかかるため、取り逃がしが多くなりやすい。だが利益課税の方が好ましいのは、さきほどの前提条件が成り立つ場合だけである。すなわち、税務当局は企業側と同じ情報を持っている必要がある。この点にはとくに注意しなければならない。というのも、この種の取引では情報の非対称性がきわめて大きいと考えられるからである。つまり、企業の側はどこまでが通常の利益でどこからが超過利潤かはっきり把握しているが、税務当局はそうではない。ザンビア国税庁の職員がひどく正直に認めたとおり、「最高の会計士を雇っているのは企業である」。企業は税務当局より多くの情報と知識を持って交渉できるのだから、明らかに有利な税協定を結べることが多い。たとえばモンゴルは、現在数億ドル相当の金を輸出している。政府と契約した金採掘会社は、採掘への初期投資がきわめて大きいとモンゴル政府に説明し、妥当な税率に同意しつつも、初期の免税措置を求めた。そして首尾よく八年間もの免税期間を獲得したうえで、精力的に採掘を開始し、現状では七年間で掘り尽くす見通しである。

そのうえ、不正の問題がある。こうした取引では、企業の側に政府をだます誘因が働く。税務当局にとって、売上高は純利益よりずっと追跡しやすいので、この点ではロイヤルティが超過利潤税よりすぐれている。これは、単なる仮定の話ではない。抜け目がないとつとに評判のチリ政府は、二〇〇六年に、銅採掘会社に対する超過利潤税をロイヤルティに切り替えた。というのも、利益に課税しても一銭も税金が入ってこなかったからである。銅採掘会社は巨額の収入を巨額の支出で打ち消し、まったく利益が上がらないようにしてきたのだった。

情報非対称と不正行為の最たる例を、コンゴ民主共和国に見ることができる。二〇〇九年一〇月に『フィナンシャル・タイムズ』は、同国からの金の輸出が一〇億ドル前後には達していると見込まれるにもかかわらず、政府に納められた税金はたった三万七〇〇〇ドルだったと報道した。私がこの件を同国の財務相に知らせると、大臣は数字が正確かどうかはともかく、密輸出が深刻な問題と化していることを認めた。

税務当局と企業の間に発生する情報非対称は、この方面にくわしい会計事務所を雇って財務監査を依頼すれば、かなり解消できる。ナイジェリア政府は二〇〇四年に遅ればせながらこれを実行し、相当額の追加納税を受け取ることができた。このように、それぞれの問題の性質を見きわめて適切な打開策を立てることが大切である。私自身は、ロイヤルティを含めた現実的な税制を設計することは可能だと考えている。

では政府は具体的にどうすべきか、考えてみよう。望ましいのは、税構造の設計に予見しうる偶発事象を織り込むことと、すでにわかっている企業の事業活動を踏まえて、非効率による取り逃がしのないように配慮することである。そのうえで、政府は税制が確実に実行されることを確約する。ただし応札者の信頼を獲得するためには、さまざまな状況に弾力的に対応できる税制であることが望ましい。税制が定まったら、政府は入札を実施する。その際に、入札審査で重視する条件を明らかにしなければいけない。言うまでもなく金額は重要な条件と考えられるし、実際にもそうであることが多い。このお金が、いわゆるサイン・ボーナスと呼ばれる契約調印時の一時金となる。適切な取り決めであれば、応札企業は、ある鉱区の地下資源を独占的に採掘する権利に対していくら払うか、明示する。このボーナスは金詰まりの政府にとってまことにありがたい。採掘事業が始まって順調に税金が入って来るのは数年先になるので、その前に資金を手にすることができる。だが審査で重視される条件は必ずしも金額だけではなく、採掘事業によって創出される現地の雇用数なども決め手となりうる。

入札を行うにあたっては、政府は二つの基本原則を貫かなければいけない。第一に、契約に含まれる条件はすべて監視し、強制できるようにする。この点で、サイン・ボーナスは好ましい。というのも、相手が払わなければ政府は契約にサインしないと言えるからだ。一方、雇用の約束は厄介である。政府には実態を正確に把握できないのを見越して、企業側は多めの数字を見積もる傾向がある。第二の原則は、入札審査で重視する条件が二つ以上ある場合には、その相対的な重要性に応じてウェイトをつけることである。このウェイトは、入札発表時にあらかじめ公表しておく。さもないと、入札があっという間に贈収賄の舞台になりかねない。たとえば政府高官に袖の下をつかませた企業が、ある項目だけ突出して魅力的な応札をしてきた場合、この高官はウェイトを操作して、この企業が落札するように画策するだろう。

サイン・ボーナスは有効な手段ではあるが、これもまた問題をはらんでいる。税率を低くするほど、サイン・ボーナスが増えることは明らかなので、政府は将来的な収入を犠牲にしてまで目先のボーナスを手に入れようとしかねない。この種の誘惑に駆られる政府は、そもそも先見性に欠ける。そして不誠実あるいは近視眼的な政府高官は、サイン・ボーナスほしさに未来の略奪を許してしまうことになる。

一九九〇年代になって過去の資源採掘を巡る不祥事が次々に明るみに出たため、改革の機運が高まった。このとき私は、資源収入がきちんと国家予算に組み込まれるようになって、自然資産の価値が本来の所有者である国民に還元されるようになるだろう、それは一〇年程度の時間をかけて徐々に実現するだろう、と考えていた。しかし実際には、かつてない世界的な商品相場の高騰が起き、その結果、事態はアフリカ争奪戦第二弾の様相を呈してきたのである。ちなみにアフリカ争奪戦の第一弾は欧州列強による植民地争いで、このときの各国の狙いもやはり天然資源だった。第二弾でも狙いは同じだが、今回つばぜり合いを演じているのはアジアと北米である。

今回の争奪戦で主役を演じている中国は、正面衝突を避け、新手の取引を提案している。採掘権の見返りとしてインフラ整備を申し出るやり方である。このような手法はじつは目新しいものではなく、一九七〇年代にも欧州各国が類似の取引をしている。だがその後は、透明性が確保されないとして、こうしたやり方はなりを潜めていた。欧米企業は現在ではお金で権利を買う。中国のインフラ整備と欧米企業の払う権利料は、釣り合っていると思われるかもしれないが、実際には両者が天秤にかけられることはない。というのも中国との取引では、競争入札を経ずに密室で採掘権が売り渡されるからである。

この種の取引では、インフラ整備の値札も採掘権の値札も明示されないので、いったいアフリカが得をしたのか、中国が得をしたのか、みきわめるのはむずかしい。中国のやり方に対して国際機関は批判的であり、採掘権とインフラ整備は切り離し、個別に扱うべきだと主張している。そうすれば、それぞれに国際競争を通じた適正な価格付けがなされるはずだ。密室で進められるチャイナ・ディールは、かつて起きたあらゆる問題、すなわち汚職、情報非対称、時間不整合を引き起こす危険をはらんでいる。だが中国を名指しで非難しても、効果はない。二〇〇八年には採取産業透明性イニシアチブ（ＥＩＴＩ）の理事が懸念を募らせ、何か方策はないかと相談に来た。これについては、次章で論じることにしたい。

採掘事業を国有化しないのはなぜか

鉱山会社が賄賂、情報の非対称、時間不整合を織り込んだ不当な安値など、あの手この手で政府に大損をさせてきたのなら、そして探鉱事業はどの面から見ても政府出資がベストなら、なぜ採掘事業も政府が手がけないのだろうか。なぜ自然資産を国営会社で管理しないのだろうか。この質問を同僚の経済学者にぶつけると、誰もが激しい嫌悪感を示した。政府は何によらず、経済活動に直接手を染めるべきではない、というのである。

とはいえ現実には、多くの国の政府が資源採掘を自ら行っている。ここ数十年は、政府は手を引くべしというのが経済学の常識になっているが、実際には国営採掘事業の成績がすべてお粗末というわけではない。たとえばノルウェー政府は、北海で石油が発見されるとすぐさま国営の石油会社を設立し、採掘事業の中核を担ってきた。同国政府は、自然資産を国民の利益のために運用するお手本と言えるだろう。ノルウェー政府にとってよかったのは、採掘事業運営のノウハウを段階的に理解していったため、情報非対称の問題がほとんどなかったことである。ここで読者はおそらく、「それはノルウェーだからだ、開発途上国はちがう」と考えたことだろう。だがマレーシア政府も同様の決断を下し、負けず劣らずうまくやってきた。同国の国営石油会社は、いまや世界の石油開発で重要な地位を占めており、民間企業と遜色なく競争を展開している。マレーシアは今日でこそ中所得国として繁栄しているが、国営石油会社を設立した当時はさまざまな問題を抱える貧困国だった。

こうした例があるとはいえ、国営資源会社の成績はおしなべて悪く、中には目も当てられないケースもある。マラッカ海峡を隔ててマレーシアと向かい合うインドネシアも国営石油会社ペルタミナを設立したが、この会社はあっという間に放漫経営に陥り、なんと最初の石油ブームの間に倒産に追い込まれるという驚くべき結末に立ち至った。ザンビアの国営銅山会社ＺＣＣＭも同じである。この会社は、もともと民営だった事業を接収して設立されたのだが、ＺＣＣＭの経営陣は次第に会社を傾かせ、巨額の利益を上げていた事業は、ついには膨らむコストで立ち行かなくなる。ザンビアが誇る自然資産の価値は、それを託された経営者の懐に入ってしまったのである。

多くの国がこのように失敗する中、なぜノルウェーとマレーシアはうまくいったのだろうか。どちらのケースでも、経営者が誠実だったこと、そして政府や官僚の意識が高く国家目標の追求に熱心だったことが挙げられる。ノルウェーは、かねてより北欧各国との関係が疎遠で、かつてはデンマークの植民地だった経緯もあり、長いことスウェーデンの陰でくすぶっていた。そこで北海で石油が発見されたとき、政府は北欧各国に追いつくチャンスだと考えたのである。マレーシアの場合には、敵対的な国に取り囲まれているうえ、国内では、多数民族であるブミプトラが少数民族の中国人よりはるかに貧しいという事情があった。国営石油会社を運営する公務員の大半はブミプトラであり、中国人の生活水準に追いつくチャンスを活かそうとした。これに対して多くの国では、国家目標を優先する意識が乏しい。政府高官は地位を利用して一族郎党に利益をもたらす以上のことは考えておらず、賄賂によってこの目的を達成している。

国営資源会社は、いまや大流行である。最近西アフリカで石油関係者の会議が開かれ、私も参加したのだが、出席者は産油国政府と国際石油資本いわゆるメジャーが半々という顔ぶれだった。会議で政府代表が話したがるのは国営石油会社の設立であり、メジャーの方は社会貢献プログラムを通じた学校や病院建設である。そこで私は、両者が役割を交換したらいいじゃないか、と言ってやった。政府は石油会社に、石油会社は政府になったらいい。国営資源会社をつくりたがる動機の大半は、国家予算が厳しい監視の目にさらされるようになったことが原因ではないかと私は疑っている。会計報告基準のゆるい国営会社であれば、収入をごまかして隠し金を増やせるので、それが魅力的な選択になってきた。透明性が確保されなければ贈収賄の類いは避けがたく、こうして自然資産は荒っぽく略奪される。

ほんとうに深刻な問題は何か

前章と本章では、国家がその自然資産からより多くの収入を得るにはどうしたらいいかを論じてきた。自然資産を開発に生かそうとするとき、この部分は川上部門に当たる。すでによく知られた問題もあれば、一般にはあまり知られていない問題もあり、それらが重なって重大な影響を及ぼしている。資源収入は、すでにアフリカの経済活動にとってとびぬけて重要性が高い。にもかかわらずアフリカ各国の政府は、往々にして本来の価値を大幅に下回るようなやり方で採掘権を売ってしまう。資源会社は不当な安値で取引をものにし、不誠実な政府高官はその安値の大半を懐に入れる。その結果、自然資産の価値のうち国庫に入る割合はひどく小さくなってしまう。この数十年間、資源収入のどの程度が国庫まで行き着いたのか、私は正確な数字を知らない。だが一〇〇パーセントより五〇パーセントに近いことはまず確実である。

だがこうした闇取引の問題以上に深刻なのは、資源発見のプロセスに潜む問題である。アフリカが単位面積当たりでOECDグループと同程度の天然資源を持つとすれば、これまで発見された量の五倍の富がまだ地中に眠っているのだ。権利売却と発見の両方で問題を抱えているため、資源開発がアフリカ各国にもたらす収入は、本来あるべき水準の一〇分の一程度にとどまっていると推測される。この問題がこれほど深刻であるため、開発援助の問題を取り上げる余裕がなかった。だが本来なら、第4章と第5章でアフリカが抱える問題を説明するために費やした一語につき一〇〇語は（一〇〇〇語とまでは言わないが）、援助について論じるべきであったことを最後に付言しておく。

第6章　持続不能な収入

川上部門の問題、すなわち資源収入を国庫に納めるところまでの問題は論じたので、今度は川下部門、すなわち収入を使う問題を取り上げることにしたい。本章で検討するのは、自然資産を使い果たして得た収入を現世代のために使うのか将来世代のために使うのか、という重要な選択である。現世代のために使うなら、収入は消費に回ることになる。将来世代のために使うなら、使わずに蓄えておかなければならない。すなわち後の世代が消費できるよう、資源収入の価値を保存するための資産を買い入れる。経済学はものごとを単純化する学問であり、この選択についても対比を極端に鮮明にする。たいていの人は貯金をすることに何がなし喜びを感じ、別にけちくさい守銭奴でなくても、いま貯めたお金で将来あれを買おうなどと考えてひそかにうれしくなったりするだろう。ところが経済学者はそうした喜びを認めず、現在の幸福、すなわち効用を与える唯一のものは、現在の消費であるとする。したがって将来のための貯蓄は、幸福を現在から将来に移転する行為となる。この荒っぽい定義は、たしかに現実のある一面は捉えていよう。大半の人は貯めるのが楽しいからではなく、慎重だから貯金をするのであって、実際には消費する方が楽しいのである。

ここにこそ、枯渇性資源を持つ国で政府が果たすべき役割がある。天然資源の開発は、本質的に持続不能である。いずれ油井は干上がり、銅は掘り尽くされて、資源収入は途絶える。

この「持続不能」という言葉は、環境保護主義者を震え上がらせる。だが資源開発が持続不能だからと言って、開発してはいけないということにはならない。再生不能な資源を持続的に使おうとしたら、利用率をゼロにするしかない。だがまったく利用しないなら、そもそも存在しないのと同じことになる。これでは宝の持ち腐れだ。このように、持続可能性の杓子定規な解釈では、ハードルがばかげた高さに設定されている。これに対して経済学では、もっと意味のある解釈をする。すなわち、持続可能性は現状維持を意味しない。世界は二世紀にわたり、ときに中断はあったものの、全体として経済成長を維持して来た。しかし個々の経済活動に注目すれば、ずっと継続されてきたものは一つもないことがわかる。成長とは、すべてがより大きくなることではない。成長とはむしろ、流氷の上を駆け抜けるようなものと言えるだろう。じっとしていたら、落ちて沈んでしまう。次々に流れて来る氷に飛び移っていれば、たとえ一歩一歩は持続不能だとしても、生き延びることができる。一九世紀の英国政府は、帆船の帆柱にする高木がいずれなくなってしまうと心配した。だが言うまでもなく、その心配は無用だった——ある時点で、船は木材を必要としなくなったからである。

したがって、枯渇性資源を使い果たす決断を下したとしても、経済学的にはそれが直ちに罪悪とはならない。資源を使い尽くすことが善いか悪いかは、それで得た収入をどう使うかにかかっている。私はこれまでに、将来世代の権利を尊重することが現世代の倫理的な責任だと述べてきた。私たちは自然資産の保存者ではなく、その価値の管理者（カストディアン）である。地球を巨大な博物館とみなし、自然をガラスケースに入れて保存する義務はないが、天然資源を略奪しないことは私たちの責任である。なぜなら、人工物を所有するように天然資源を所有することはできないからだ。将来世代に対する倫理的な義務は、資源と同等の価値を持つ別の資産を将来世代に残すことによって果たすことができる。となれば、資源収入を消費するのか蓄えるのかという最初の質問の答は自ずと明らかだろう。私たちには、貯蓄する義務がある。

これは、枯渇性資源から得た収入を倫理規範に則して使うための黄金律である。この黄金律は、資源収入を通常の税収と同じように使ってはならないことを意味する。税収というものは、通常は経済の拡大とともに増えると見込まれる。すなわち税収は持続可能であり、したがって消費に充てることができる。資源富裕国の政府が倫理的責任を果たしているかどうかを調べるには、他の税収よりも資源収入の貯蓄率が高くなっているかどうかを調べればよい。天然資源を使い尽くすにつれて、政府はその代わりとなる人工資産を蓄積しているだろうか。

ただし、資源収入に対する貯蓄率を調べるのはむずかしい。たとえば読者は、定期収入と一時的な収入とで貯蓄に回す比率を変えているだろうか。たぶん、そんなことは意識してはいないだろう。たいていの人が把握しているのは、総所得に対する貯蓄率だけである。おそらく政府の場合にも、合計貯蓄率から収入項目別の貯蓄率を割り出すのはむずかしいと考えられる。それでも、国家収入の大半を天然資源から得ている国では、持続可能な収入を得ている国よりも、貯蓄率が高いはずだと考えるのが合理的である。たとえば、収入の大半を資源に依存するアフリカの国々は、工業依存度の高いアジアの開発途上国よりも貯蓄率が高くなければおかしい。ところが実際は、まったく逆である。アフリカの貯蓄率は平均すると国民所得の二〇パーセント程度なのに対し、アジアの開発途上国ではその倍近くに達する。

国家収入の幻想

枯渇性資源からの収入に対する貯蓄率を引き上げるためには、まず収入規模を把握しなければならない。前章で取り上げた「支払い内容公表」運動が、資源富裕国で一般国民が国家収入を知らないことから提唱されたという背景からもわかるように、企業も政府も、政府が受け取った金額を闇から闇に葬り去ろうとする。いや問題はもっと深刻だ。政府自身が、貴重な資源からどの程度の収入を得ているのか、わかっていないことが多いのである。

そんなことになるのは、政府がまぬけだからではない。資源豊富な低所得国では往々にして経済が謎に包まれていることが、そもそもの原因である。あるところから得たように見える収入が、じつは他のところから上がっていたりするので、徴税も容易ではない。経済の大半は「非正規」なものであり、農家や路上の物売りが担っている。彼らは帳簿などつけない。というより、読み書きができない。取引の多くは現金で行われ、書類に残らないため、税務官が捕捉しようにもできないのである。正規の課税ベースとなりうる登記済みの大企業は、きわめて少ない。こうした中で、唯一税金を取り立てやすいのが輸入である。輸入品は港から、あるいは港に続く道路から入って来るので、監視しやすい。しかも輸入には、手形や保険など書類が伴う。したがって低所得国では、主たる税収が関税ということになりやすい。

こうしたわけで、資源豊富な低所得国では、関税と資源という二種類の収入源が政府予算を支えることになる。この場合、資源が枯渇性であれば、資源収入に対する税金とロイヤルティもあきらかに持続不能である。では輸入に対する関税は、持続可能なのだろうか。ことはそう簡単ではない。輸入関税のおおもとの出所は、輸入代金が何でまかなわれているかによって異なる。輸入代金をまかなうのは輸出であるが、資源富裕国の主な輸出品は天然資源なのだ。資源が唯一の輸出品であることも稀ではなく、たとえばナイジェリアでは、原油が輸出の九八パーセントを占める。となれば、輸出は輸入をまかなうためにだけ使われていることになり、輸入に関税を一ドルかけるたびに、輸出の価値は一ドル下がる計算になる。そして原油輸出の受益者はナイジェリア政府であるから、政府は自ら輸入関税を払っているのと同じことになる。したがってナイジェリアでも、輸出の資源依存度が高い他の国でも、国家収入が輸入関税だというのは完全な幻想にほかならない。関税は原油のレントを奪う間接的な手段にすぎず、しかも排除しにくい非効率な手段である。

資源豊富な低所得国の政府は、国家収入の大半が直接間接に天然資源の減耗に頼っていること、したがって持続不能であることに、気づいてもいない。これまでのアフリカのように資源収入の貯蓄率がわずか二〇パーセントという水準だとすると、それで蓄積できる代替資産は、資源枯渇を埋め合わせるものとしてはまったく不十分である。このままでは、国家の収入はいずれ途絶えてしまう。自然資産のよき管理者は資源の活用によって得たレントを蓄えるが、アフリカ社会はこの基準を満たしていない。政府がよき管理者の責任を果たさないなら、結局は略奪の世界に逆戻りしてしまう。前章で取り上げた略奪は、自然資産に本来的に備わった価値を外国企業が横取りするか、あるいは不誠実な政府高官が懐に入れるという形をとっていた。これは、荒っぽい略奪である。本章で取り上げる略奪はもっとひそやかで、資源収入を将来のために蓄えず、消費で蕩尽するという形をとる。決定権を握っている現世代が収入をすべて消費してしまうなら、まさに荒っぽい略奪と同じく、将来世代の権利を奪うことになる。

まずは、収入を持続可能なものと持続不能なものにきちんと分類することが望ましいが、これは準備段階にすぎない。ほんとうに必要なのは、自然資産の管理に関して意思決定手続きを明確に定めることである。ルールとチェック・アンド・バランスを確立して、絶えず押し寄せる消費圧力から持続不能な収入を守らなければならない。政策担当者といえども人間であるから、ありとあらゆる誘惑にさらされている。私たちは、自らに目標や締め切りを課したりダイエットの決まりをつくったりして誘惑から身を守るが、政府もこの点では何も変わらない。持続不能な収入からの消費が持続可能な収入からの消費をつねに大幅に下回るよう、制度的な縛りをつくっておくことが必要である。

持続不能を持続する

しかし、貯蓄率二〇パーセントが低すぎるとしたら、どの程度なら十分と言えるのだろうか。資源採掘で得た収入は、すべて貯蓄すべきだろうか。つい最近まで、ＩＭＦは資源富裕国に対してそうアドバイスしていた。ただし、私が第１部で述べた倫理的な理由とはまったく異なる理由からである。ＩＭＦのエコノミストは、大方の経済学者がそうであるように、功利主義の信奉者なのだ。功利主義者は、「最大多数の最大幸福」をめざすこと、すなわち、現世代も将来世代も含めたあらゆる人々にとっての効用を最大化することを倫理規範とする。そのうえでＩＭＦは、「恒常所得仮説」と呼ばれるミルトン・フリードマンのシンプルな理論モデルを適用し、資源採掘による一回限りの収入を恒久的に持続可能な収入に転換し、それを支出に充当しようとした。枯渇性資源の埋蔵量から得られる恒常所得は、容易に計算できる。世界銀行が行った地下資源評価から資本価値を求め、それだけの資本を国際資本市場で投資したらどうなるか、想像してみればよい。投じた資本から得られる利子所得が恒常所得であり、これは恒常的に支出に回すことができる。枯渇性資源の減耗によって得られる本質的に持続不能な収入は、理論上は、同等の価値を持つ持続可能な収入フローに転換されたわけである。

恒常所得仮説は、持続可能な消費の上限を示すにとどまらず、その上限を維持すべきだと教えている。この考え方の背景には、やはり功利主義がある。消費を持続可能な最大限度に維持するなら、いずれはより豊かになることもなければ、より貧しくなることもなくなる。功利主義のあの公平指向を思い出してほしい。追加的な富の効用が逓減するので、公平によって効用の総和は最大になる。時間的にみても同じことが言え、毎年同じ額だけ消費すれば「最大幸福」が実現する。このように恒常所得仮説は最大幸福原則にしたがって、与えられた自然資産から現世代がどれだけ使えるのかを示している。本質的に持続不能な収入を同等な水準の持続可能な支出に転換し、その水準で消費を維持するなら、最大限の幸福が実現し、効用は最大化するのである。

持続不能な資源収入から持続可能な消費への転換を字義通りに解釈するなら、地中にある資源をただちにそっくり掘り出し、その収入を株や債券などの金融資産に投資すると考えればよい。もっとも、これはあまりに現実離れしている。しかし資源をすぐに全部掘り出さなくても、その価格が世界的に上昇し続ける限り、利益を見込めるはずだ。だがそれを期待してよい理由が何かあるのだろうか。

自然資産の価格は上昇し続けるのか

経済学では、資源価格の持続的上昇を期待してよい理由として、ホテリング・ルールを根拠に挙げる。ホテリングはアメリカの統計学者である。ホテリング・ルールによれば、枯渇性資源の価格は、長い間には世界の長期利子率と同じ率で上昇する。すなわち米国債のような無リスク資産の金利が四パーセントなら、資源価格も年四パーセントのペースで上昇する。ただし、この上昇率の一部は単なるインフレによるものなので、インフレ率をおおむね二パーセントとすれば、資源価格の上昇率は約二パーセントということになる。ホテリングは、なぜこうなると考えたのだろうか。彼の発想はごく単純で、「合理的期待仮説」の最初の応用例と言える。合理的期待仮説は、投資家が情報を効率よく利用するなら、将来予測が誤りになることはないという理論仮説である。たとえば二〇五〇年の原油価格を投資家が予想した場合、予想が高すぎる可能性と低すぎる可能性は等しくなるので、平均的には誤りは生じない。合理的期待仮説は、近年のグローバル金融危機の際に轟々たる非難を浴びたが、この説を退ける前に、自然資産の価格決定経路にとって何を意味するのか検討しておこう。ホテリングの重要な指摘の一つは、自然資産も資産の一種にすぎないということである。石油を二〇五〇年まで掘らずに寝かせておこうという判断は、米国債を二〇五〇年まで売らずに保有しようという判断と何も変わらない。ここで、二〇五〇年の原油価格は現在より一〇ドル高い一バーレル＝八〇ドルになる、と見込まれるとしよう。四〇年間で一〇ドルしか値上がりしないのでは、いま一バーレル＝七〇ドルで石油を売って米国債で四〇年運用した場合のリターンより少ない。したがって油井の所有者にとっては、いますぐ原油を掘り出して売ってしまうのが賢明な戦略になる。すると原油価格は下落するが、二〇五〇年には埋蔵量が減っていることが明らかなので、予想先物価格は上昇する。直物価格と二〇五〇年の予想先物価格との差が米国債のリターンと等しくなるまで、これが続く。逆の場合にも、同じことが起きる。すなわち、二〇五〇年の原油価格が非常に高い（たとえば一バーレル＝三〇〇ドル）と予想される場合には、いま原油を売って米国債を買うよりも、掘らずに地下に眠らせておく方が賢い選択になる。このように採掘の可否は金融所得との比較で決まるので、資源価格の変化率は長期金融資産の利子率と等しくなる。

ここで、現世代が恒常所得仮説とホテリング・ルールの考え方を採用したとしよう。現世代が資源をすべて採掘した場合には、その収入を投資に回さなければならない。しかし投資収益は持続可能であるから、消費してよい。資源の一部だけを採掘した場合でも、その分の投資収益は消費してよい。だがいまやホテリング・ルールにより、資源価格の上昇という形で、自然資産の当初価格から得られる利益が増える見通しになった。現世代は、この増加分をも消費してよいことになる。資源収入は国庫に納まるので直接手を下すことはできないものの、利益の一部を投資に回さずにおけば、間接的に消費することができる。

このことが経済学的に何を意味するかに思い当たったら、誰もがうさんくさく感じるだろう。予想値上がり分を食いつぶすのは、リスクの大きい行為である。大学の講義では、教授がこのリスクをたしか次のように説明していた。店主が年度末に帳簿を記入していて、赤字になっていたことに気づいた。だが大丈夫、心配することはない。在庫品の値上がりで十分に埋め合わせられ、なおおつりが来るはずだからだ。安心した店主は、在庫品を消費して食いつなぐ。翌年もまったく同じ展開になり、店主はさらに在庫品を消費する。だがついに、在庫が底をつく年が来た——いや、三つの品物だけは残っていた。釘と金槌と首を吊るためのロープである。

在庫の値上がりは、消費の原資としては心許ない。そんなものを当て込んでいたら、ついには首を吊る羽目に陥るだろう。ホテリング・ルールは、資源価格が着実に上昇するという期待を抱かせる危なっかしい根拠である。最近の資源ブームでは、遠くない将来に石油は枯渇するとの危機的予測の中、原油価格が一バーレル＝一四七ドルまで急騰した。じつは一九八〇年代の第一次石油ブームのときにも、これと同じ予測が取りざたされた。このとき、石油輸出国機構（OPEC）のスポークスマンを務めていたサウジアラビアの石油相アハメド・ザキ・ヤマニは、当意即妙の受け答えをしている。「石器時代が終わったのは、世界の石が枯渇したからではない」。私には、世界の石油が枯渇して石油時代が終わるとは思えない。そうなる前に技術が状況を変えると考えている。実際にも技術革新は何度も起きており、たとえば一九世紀に高価な天然資源だった硝酸塩は、いまではさほどの価値はない。世界の資源価格は過去一世紀にさかのぼって調べがつくが、それを見る限りでは、価格がつねに上昇してきたとは言いがたい。現実には、石油を除く資源は下落基調にある。

とは言え技術革新だけを理由にホテリング・ルールを退けることはできまい。人々がそうした革新を正しく予想できるなら（合理的期待仮説によれば予想できる）、どんな種類の資産の価格も結局は同じように決まるだろう。それより問題なのは、天然資源は採掘コストがかかるという点で米国債とはまったくちがうにもかかわらず、ホテリング・ルールには資源の採掘コストが見込まれていないことである。米国債に投資するのは賢明でないと判断したら、今日にでも全部売ってしまうことができる。だが、銅価格が長期利子率と同じペースでは値上がりしそうもないと判断しても、埋蔵量をすぐさま全部掘り出すことはできない。採掘ペースを上げることはできるが、そのためには採掘抗の数を増やさなければならず、コストがかかる。しかもハイペースで採掘すれば、採掘抗ははやく減価する。かといって採掘コストを抑えるためにペースを落とせば、利益は必然的に小さくなる。いずれにせよ追加的な採掘コストが発生することは確実であって、採掘ペースを上げれば必ずこのコストを負担しなければならないのに対し、将来の銅価格動向は、端的に言って誰かの予想にすぎない。主要資源の価格がいかに激しく変動してきたかは、ちょっと調べればすぐにわかる。原油価格は、一九九八年には一バーレル＝一〇ドルだったのが二〇〇八年には一四七ドルに達し、その後三七ドルまで急落している。

こうした甚だしい不確実性を目の当たりにしたら、ホテリング・ルールを信用して事業経営をしようという鉱山会社はまずないだろう。おそらく技術革新を勘案した長期的な平均価格を予想し、それに基づいて事業戦略を立てるはずだ。ときに予想価格を上方修正することがあっても、それはホテリング・ルールに頼り切ることとはちがう。鉱山会社は、資源価格の度数分布すら当てにしていない。将来の分布が過去の分布と同じようになるとは思えないからだが、たしかにその通りである。過去から学べるのは、価格の変動性がきわめて高いという事実だけである。たとえば二つの世界大戦の戦間期には、技術と経済が完全に時代遅れになったことが原因で、大幅な価格変動が発生した。

こうした顕著な不確実性が存在するため、資源豊富な低所得国は、地中に眠る自然資産がいずれ値上がりして大きな利益をもたらすとは期待できない。ほんとうによい投資と言えるものは、地下ではなく地上にある。ただしよい投資をするためには、投資プロセスの健全な管理が欠かせない。

手の中の鳥

以上のようにもっともな理由から、慎重なアプローチ、すなわちまだ地中にある資源の価格上昇に頼らないアプローチをとるべきだと考えられる。慎重第一のIMFはこうした配慮を極限まで拡大し、恒常所得仮説に独自の「手の中の鳥」ルール（手の中の一羽の鳥は薮の中の二羽の鳥にまさるという諺に由来する）を加えたアプローチで臨んでいる。すなわち、天然資源からの将来の収入は一切当てにせず、いま実際に入ってくる収入だけで経済運営をするのである。なにしろ資源価格は上がらないどころか、落ち込むことさえある。また確認済み埋蔵量の採掘コストが予想を大きく上回り、利益が浸食される可能性もある。最悪の場合には、あるはずの埋蔵量が全然なかったということもあり得るのだ。これらの点を考慮すれば、資源収入はすべて貯蓄し投資に回すべきである。そして投資収益だけを、消費に充てる。貯蓄は徐々に積み上がっていくので、採掘を開始してから数年間は、投資収益はきわめて少ない。したがって、消費に回せるのはほんのわずかしかない。初年度はゼロである。二年目になると、一年目の資源収入を利回り四パーセントの国債に投資しているので、初年度収入の四パーセントだけは消費に充てられる。これが三年目、四年目と続く。略奪を選んだ場合と同程度の消費ができるようになるまでには、長いこと辛抱しなければならない……。

当然ながらこのような忠告は、資源が新たに発見された国の多くで歓迎されない。天然資源が豊富に見つかったとの吉報を聞くと、国民はすぐにも貧困から逃れられると歓喜し、政治家は政府支出を増やせると期待する。こうして誰もが喜んでいるところへ、スーツで身を固めたIMFのエコノミストがやって来て、今後数年間は資源収入のほぼ全部を貯蓄しなさいと口を出す。これは、人々が聞きたがっていた助言ではない。二〇〇七年にガーナでは油田が発見された。発見される前のガーナの財政政策は堅実で、財政赤字はGDPの二パーセント未満だった。ところが二〇〇八年一二月になると、実際には石油はまだ一滴も採掘されていないにもかかわらず、財政赤字はGDP比一九パーセント前後に膨れ上がっていたのである。石油の生産が始まっても、そこから得られる収入はGDPの四―五パーセントと予想されるので、ガーナ政府は予想収益の四倍ほども早まって使ってしまったことになる。

だが石橋を叩いて渡るタイプの政府は、忠告を真剣に受け止めている。というのもこの忠告は、ノルウェー政府がとった行動とぴたりと一致するからだ。ノルウェーの場合、原油収入は将来世代のためにソブリン・ウェルス・ファンド（政府系ファンド）に預け入れられ、国際資本市場で投資されている。株価の変動が激しいにもかかわらず、この仕組みはうまく機能しており、二〇〇九年の人間開発指数によれば、同国の生活の質は世界で最も高い。責任感のある低所得国がノルウェーをお手本にするのも、もっともと言えよう。私自身が聞いたところでは、ノルウェー政府は五〇カ国もの政府から、資源収入をどう運用したらよいかについて助言を求められたという。ノルウェーの成功のおかげで、IMFの勧告もたいそう説得力を増している。

IMFの「手の中の鳥」ルールは、将来世代の利益を守るという高邁な理想に基づいているが、果たして低所得国にとって適切と言えるのだろうか。私は二つの理由から、このルールは厳格すぎると考えている。

まず、明らかに慎重すぎる。たしかに最底辺の一〇億人の国々は、あまりにリスクの大きい戦略、たとえば資源価格の値上がりを当て込んでその分を消費してしまう、といった戦略は避けなければならない。しかしこれらの国々は、貧困に伴う多くのリスクにすでに脅かされている。まずもって起きないようなシナリオ、たとえば資源採掘による収入が明日途絶えるといったシナリオを回避するためにあらゆる手段を講じようとすれば、政府支出で防げたはずの困窮生活を国民に強いることになってしまう。それよりもリスク評価を行い、妥当な最悪シナリオを想定する方がよい。シナリオは十分慎重であるべきだが、世界が明日終わるといったリスクまで想定するにはおよばない。こうして予想された将来の資源収入を、恒常所得に転換すればよい。別の言い方をするなら、安全に持続しうる水準での消費支出は、投資資産が積み上がるまで待たずに、すぐに始めてよい。

将来の資源収入を控えめに予想しているのであれば、当面の消費を手当てするための多少の借り入れは、理論上は正当化できる。昨今のような金融危機に見舞われているときは別だが、通常であれば銀行は、そうした融資には喜んで応じるだろう。ただし、いくつかの重大な理由から、借り入れにはよほど慎重であるべきだ。一つは、銀行融資には高い金利がつくことである。資源収入が予想外に滞るようなことがあれば、将来の政府は遅延金利を請求されるといった困難な事態に陥りかねない。だがこれよりもっと重大な理由がある。それは、当面の消費のために借金をするのは略奪政府のやり方と何ら変わらない、ということである。いったい自分たちの政府は略奪者なのか聡明な管理者なのか、国民が政府の行動から見抜けることが望ましい。とは言え政府の行動のうち国民の目につくものは少ししかない。その一つが借り入れである。聡明な管理者である政府は、国民にわかりやすい戦略、たとえば借金をしないという選択によって、誠実な姿勢を示すことができる。

もっとも、採掘を開始した時点から消費が保証されているケースもある。鉱山会社から支払われるサイン・ボーナスは、何が起きても払い戻す必要がないので、無リスクで当てにできる収入となるからだ。ただしサイン・ボーナスには見えない金利を大幅に上乗せすることができるので、結果的には高くつくことが多い。

資本の欠乏

IMFの「手の中の鳥」ルールは、ある深刻な理由から、慎重すぎるだけでなく厳格すぎると考えられる。それは、低所得国では資本が欠乏しているということだ。この無味乾燥な表現の陰には、貧困に伴うありとあらゆる悲惨な事態が隠されている。下水を整備できないから、スラム街から悪臭が漂う。学校を建設できないから、識字率が低い。市場と産地を結ぶ道路がないから、作物は腐る。仕事がないから大勢の人が無為に過ごす……。これらはすべて、慢性的な資本の欠乏が原因である。となれば逆に、公共投資が適切に行われるならば、追加的資本のリターンは高いはずだ。そう、米国債のささやかなリターンよりずっと高いはずである。この「投資が適切に行われるならば」という条件がきわめて重要なのだが、ここではひとまず措くことにしよう。

低所得国で公共投資が適切に行われた場合、期待できるリターンはどれほどになるのだろうか。ノーベル賞受賞経済学者のマイケル・スペンスがよいヒントを与えてくれた。投資の利益は広く経済全体に拡がるので、総合的なリターンはきわめて大きくなるという。新しい道路ができれば、たくさんの作物を育てて輸出することが可能になる。輸出収入が増えれば自転車の需要が高まり、新たな売り手が参入して市場の競争が活性化される。こうして自転車が値下がりすれば、子供を学校に通わせられる家庭が増える……。単純な費用便益分析といったものでは到底捕捉できないようなこうした数えきれないほどの道筋を経て、投資リターンは経済に寄与するのである。その効果は数値化できないにしても、米国債のリターンを大きく上回ることは確実である。

ではこのことは、資源収入からすぐに消費してもよい割合にどのような影響をおよぼすだろうか。トニー・ベナブルズは、IMF自身が援用している功利主義の考え方を応用して、この問いに答を出した。それによれば、ある国が資本不足に陥っていて投資リターンが高い場合には、他国をキャッチアップする間は高度成長期を迎えられる。したがってその国の将来世代は、現世代よりも裕福になる。すると功利主義の公平観念からして、将来世代のことは、今いないからではなく彼らの方が裕福だという理由から、考慮に入れなくてよいことになる。消費を現世代に繰り上げれば、効用の総和を最大化するように所得を再配分し最大多数の最大幸福を実現できる、という結論である。だからと言って収入を全部いま使い切ってよいということではないが、資源収入のある程度までは、貯蓄せずにいま消費すべきだと考えられる。IMFはこの考え方に興味を示し、定期刊行物に私たちの共同論文を掲載した。

読者は、私の考えに矛盾を感じたかもしれない。功利主義の枠組みに基づく分析を支持しながら、おおもとの功利主義を批判するのは、論理の破綻ではないかと思われる向きもあろう。たしかに一時的な矛盾はあったが、いまでは私は将来世代に負う義務に関する限り、もはや功利主義の立場を認めていない。将来世代が現世代より裕福になるからという理由だけでは、彼らの資産に対して私たちに権利があるとは言えない。現世代の貧困は、略奪を正当化する理由とはなり得ないと考えている。

功利主義の倫理観からカストディアンの倫理観に切り替えると、何が変わるのだろうか。カストディアンの倫理観では、低所得国が「手の中の鳥」ルールに従うことは求めない。国内の公共投資が高いリターンを生むのであれば、将来世代に対する義務の履行が容易になると考える。たとえば米国債のリターンが約四パーセントで国内投資のリターンが約八パーセントだとすると、両者の差は、義務を果たす余地がいくらか広がったことを意味する。カストディアンの原則では、現世代は将来世代の権利を侵害してはならず、自然資産を使い切る場合には、同等の価値を持つ別の資産を将来世代に残さなければならない。一〇〇万ドル相当の自然資産を採掘し、その収入を国内投資に回すと年間八万ドルを生み出せるなら、二〇〇万ドル相当の資産を米国債で運用するのと同じことになる。このように並外れて有利な投資機会があるなら、資産構成を自然資産から国内投資に切り替えてキャピタルゲインを得る方が賢明だろう。この場合、二〇〇万ドル相当の代替資産を将来世代に残す必要はない。現世代が使い果たした自然資産の価値は一〇〇万ドルであるから、国内投資が八パーセントのリターンをもたらす限りにおいて、五〇万ドルの貯蓄・投資を将来世代に残せば、使い切った分を十分に埋め合わせることができる。なぜなら、五〇万ドルを運用すれば年間四万ドルのリターンを得られ、このキャピタルゲインは、一〇〇万ドルを米国債で運用した場合に等しいからである。

とは言え、国内投資のリターンが無リスク資産のリターンの倍になると仮定するだけでは、説得力はあるまい。もしほんとうにそうなら、なぜ民間投資家がそこに資金を投じないのか、という当然の疑問が湧く。答は、政府が投資する場合には政治的リスクは考えなくてよいが、民間投資家は政治的リスクに直面するからである。また、政府の権限で実行できるがまだ実行していない投資だからこそ、このように高いリターンが見込めるとも考えられる。言うまでもなくいま挙げた数字は、単にわかりやすく説明する目的で勝手に私が決めたものにすぎない。それでも、低所得国が資源収入をすぐに消費してよい現実的な理由は、十分に示せたと考えている。つまり、どれほど慎重な政府であっても、ノルウェーをそっくり見習うにはおよばない。ノルウェー政府は資源収入を全額貯蓄したうえで、国際金融市場で運用し、約四パーセントのリターンを得た。この戦略は、ノルウェーにとっては意味があった。というのも、同国はすでに国内で巨額の投資をしてきたからである。二〇世紀の終わり頃には同国の一人当たり資本財は世界最高の水準に達しており、輸送インフラや学校を始めとしてすばらしい公共財が整い、石油掘削装置や船舶といった民間資本財も豊富だった。それ以上資本を国内に投下しても、追加的に得られるリターンは小さかったと考えられる。したがって、自然資産を消費した分はグローバル市場で広く投資することに意味があった。またノルウェーの場合には、功利主義あるいはカストディアンいずれの倫理観を適用しても必要な貯蓄率はほぼ一〇〇パーセントになるので、全額を貯蓄に回すことも道理に適っている。

ではどのような状況であれば、資源豊富な低所得国がノルウェーの投資戦略に倣うことが妥当になるのだろうか。自国経済への建設的な投資が現実的に考えて不可能だと判断したときには、ノルウェー政府の選択が適切になる。たとえば、公共投資を実行するのは官僚だが、官僚機構が腐敗しきっていたら、投資はどこかへ消え失せてしまうだろう。このやり方では何も得られないという悲観的な予測が妥当であるならば、カストディアンの立場としては資源収入の一〇〇パーセントを貯蓄に回すことになる。

この点がとくに問題になるのは、どんな国だろうか。すでに述べたように、資源収入は持続不能だという際立った特徴を持ち、税収とはまったく異なる。現世代が自然資産を採掘する場合には、カストディアンの倫理観に基づくなら、将来世代に適切に埋め合わせをしなければならない。そうしないと、将来世代から略奪したことになる。ノルウェー・モデルでは、資源に由来する収入はすべて貯蓄して国際金融市場で投資する。だが低所得国にしてみれば、この方式に従うのは、今日の緊急なニーズを放っておいてニューヨークの銀行に資金を積み上げることにほかならない。このやり方が理に適うのは、国内投資はまったくの無駄だと政府が絶望的な判断を下す場合だけである。国内で適切な投資ができるなら、はるかに魅力的な選択肢となるはずだ。将来世代の利益は十全に守られ、しかも収入のかなりの割合を現世代の消費に充当できる。この割合がどの程度になるかは、資源収入を全額貯蓄した場合のリターンに対する国内投資のリターンの比率で決まる。ただし甘め目に言っても、資源収入の投資比率は、他の収入の投資比率より大幅に高くなければならない。ところがアフリカでは、資源収入が国民所得の大半を占めるにもかかわらず、国民所得に対する投資比率は世界で最も低く、平均して二〇パーセントを下回っている。

資源ブーム

資源豊富な低所得国の政府は将来世代に対する倫理的な責任を負っており、その責任を果たすためには資源収入のかなりの割合を投資に回すべきである、と私は主張してきた。先祖伝来の資産よりリターンの高い投資があるなら、資産を売ることは賢い選択になる。再生不能な資源を採掘すればいずれは枯渇が避けられないが、投資に回すのは枯渇に対する責任ある姿勢と言える。

だが枯渇のスピードは緩慢であり、ときには数十年かかることもある。その点を考えると、資源収入の消費を控えよと主張するときには、枯渇よりもブーム（と暴落）を根拠に挙げる方が、説得力がありそうだ。

世界の商品相場は、変動性が途方もなく大きい。アナリストは過去の価格変動に基づいて翌年の変動幅を予想するが、たいていは外れに終わる。この種の予想では、統計学的に九五パーセントの確率で正しい価格幅を推定する方法が従来採用されてきた。それによれば、二〇〇八年一月の時点で予想された〇九年一月の原油価格は、一バーレル＝六五―二一〇ドルとなっている。この予想で驚かされる点が二つある。第一は、たった一二カ月先の予想にもかかわらず、予想自体に意味がないほど幅が広いことだ。そしてこれに劣らず衝撃的な第二の点は、〇九年一月の原油価格は実際には一バーレル＝三七ドルで、予想価格幅を大幅に下回ったことである。しかもこんなことはよくあることで、商品相場の変動性は小さくなったためしがない。おまけに商品相場では、価格が上昇したらその分だけ下落するというように、規則的な波形を描くわけではない。急上昇による鋭い山形のあと、長期にわたって下落が続くというパターンがめずらしくない（二〇〇五―〇八年の資源ブームはこのパターンに近い）。このようなパターンになるのは、ごく単純な理由からである。価格が下落しているときは、生産者は出荷を控えるか、生産そのものを打ち切ってしまう。原理的には、市場への供給をゼロまで減らすことは可能であり、こうすれば価格下落に歯止めをかけることができる。一方、価格が上昇中であっても、在庫を放出するペースにも、もちろん生産拡大のペースにも、物理的な限界がある。この限界に達すると、一段と価格が上昇し需要が減退することによってのみ、需要と供給は均衡する。こうしたわけで、急激な価格上昇が起きる。

こうした価格変動のパターンは、資源収入の運用に重大な影響を与える。二〇〇八年に終わった資源ブームのような価格の上昇期の資源収入は、その大半が二重の意味で持続不能である。資源収入自体が本質的に持続不能なだけでなく、ブーム期がせいぜい数年しか続かないという点でも持続不能だからだ。商品相場は予測できるようなものではなく、ブームが何年続くかは誰にもわからない。二〇〇八年夏になってもまだ多くの人が、高値はまだ続く、おそらく数十年は続くと予想していた。アジアの華々しい経済成長のおかげで資源需要はますます旺盛になるという根拠からである。資源収入が当てにならないことを各国政府に思い知らせたという点で、予想外の価格急落はいい薬だったと言えよう。

ブームというものは「一時的」という断り書き付きで到来するわけではない。ブームが何年続くか予測する最もよい方法は、資源価格の長期移動平均を目安にすることである。現在の価格がそれを上回るようなら、通常時を上回る収入は長続きしないと考えられる。したがって、この余分の収入で気前よく消費を増やすと、ほんの数年後にはまた減らさなければならなくなる。消費を増やすのは楽しいが、切り詰めるのは辛い。そして心理学では、減らす苦痛は増やす喜びを上回ることが確かめられている。経済学者は、この現象が習慣形成に由来すると考えている。ある消費水準に慣れてしまうと、その習慣を突然続けられなくなることが非常な苦痛に感じられるというわけだ。この数十年間で富裕国の富は拡大したが、その大きな恩恵の一つは、この苦痛を味わう人が減ったことである。だが一九世紀の小説には、必ずと言っていいほど没落貴族が登場する。貧困に転落する恐怖は、当時の小説に繰り返し出てくるテーマである。

資源価格が急落しても消費を減らすのがひどく苦痛だというなら、ブーム期にむやみに増やすべきではないということになる。収入の変動性を政府から資源会社に転嫁すれば、この問題は解決したように見えるかもしれない。これは、原理的には税制度の設計によって行うことができる。ブーム期に税率を引き下げ、資源会社が急落時の損失を埋め合わせできるほど巨額の利益を上げられるようにすればよい。だがこれは、危険な戦略である。資源会社は一般に、国際商品価格の長期平均に基づいて投資を行う。資源価格が並外れて高いときに低い税率を適用してもらえるのは彼らにとって結構なことではあるが、たまたま価格急騰という幸運に恵まれたからと言って、その例外的な利益を気前よく使う気になるとは思えない。それに資源会社は当然のことながら、時間不整合の問題をよくわきまえているため、「価格が上昇したら税率を引き下げる」という約束を額面通りには信じないはずだ。だが資源収入が大幅に変動し、かつ消費の調整が不可能となれば、何か別の手を打つ必要がある。

残された手段は貯蓄しかない。価格が上昇したら貯蓄率を引き上げ、下落したときに引き下げられるようにすればよい。すると、国際金融市場より高いリターンを得るべく貯蓄を国内インフラ投資に充てる場合、この投資も大幅に変動することになる。そのような大幅変動に、投資の質を落とさず対応するのはむずかしい。そこで緩衝材として、ピーク時の収入の大半は国際金融市場で運用しておくのが賢い戦略となる。つまりブーム期には多少なりともノルウェー・モデルに倣い、貯蓄の一部を国際金融市場での投資に回すべきである。ただしその目的は、ノルウェーの場合とはちがう。買い入れた金融資産は、将来世代のために恒久的に保有するのではなく、国内投資に効果的に充当できるときまで保有するだけである。この目的のちがいは、買い入れる金融資産のタイプにも影響してくる。ノルウェー・モデルの投資は長期保有が原則なので、重要なのは買い入れた金融資産の長期的な平均リターンであって、直物価格の変動はさほど問題にならない。これに対して、数年以内に換金して国内のインフラ投資（病院や学校建設など）に回す場合には、短期的なリターンが確保できるかどうかが重要になってくる。したがって国外で運用する場合には、一段と慎重な姿勢で臨まねばならない。そして、これは代償を伴う。米国債のような安全で流動性の高い資産はリターンが低いので、ブーム期には資源収入からの貯蓄比率を高くしなければならないからだ。一〇〇万ドル相当の天然資源を採掘した場合、ハイリターンの国内インフラ投資に回すのであれば、五〇〇万ドルの投資で一〇〇万ドル相当の人工資産を生み出すことができるが、米国債などに投資するなら、一〇〇万ドル近くを貯蓄する必要が出てくる。

このように資源依存型の経済は変動性が大きくならざるを得ないのであり、価格の急騰と急落の間で揺れ動く。この変動性をそっくり消費に転嫁するのは、あまりに苦痛が大きい。したがって、貯蓄で変動を緩和する必要がある。資源ブームのときには、基本的に貯蓄を大幅に増やすべきであって、消費の大盤振る舞いをすべきではない。資源豊富な低所得国では基本的に資本が不足しているのだから、政府はこの貯蓄を国際金融市場で投資するよりも、国内で活用する方が理にかなっている。しかしブームに合わせてインフラ投資を大幅に増やしたり減らしたりすれば、国内経済が不安定化しかねない。したがってブーム期には、貯蓄の大半を一時的に国外投資に回し、安全で流動性の高い金融資産で運用する必要が出てくるだろう。このような国外での運用には、投資を平準化する効果がある。資源収入変動の緩衝材とするという目的を考えれば、ソブリン・ウェルス・ファンドのようなハイリターン狙いのファンドではなく、安全で換金性の高いファンドが望ましい。

では、この緩衝材はどの程度の規模が必要だろうか。

商品価格の過去の変動性に基づいてシミュレーションを行ってみると、価格の上下動ひいては消費と貯蓄の変動を完全に平準化するためには、巨額のファンドが必要になる。そのようなファンドを構築するには、資源収入の全額を長年にわたって積み立てなければなるまい。その分だけ国内インフラ投資を延期するという代償を伴うため、この戦略はそもそもの目的に適っていない。貯蓄のほぼ全部が国内経済に投入されず、利回りの低い外国の金融資産に投じられてしまうことになる。ある程度の平準化は必要にしても、国内のインフラ投資を望む資源富裕国は、投資の変動性とどうつきあっていくか、学ぶ必要がある。

未来の略奪

資源豊富な低所得国が資源収入の使途について、消費と貯蓄の間で倫理的に責任ある選択をするにはどうすればよいか——これが、本章の中心テーマである。すでに述べたとおり、倫理的に責任ある選択とは、将来世代に対する妥当な義務を尊重した選択を意味する。このような選択をするためには、資源収入のかなりの部分を貯蓄しなければならない。「かなり」がどの程度かは、国内投資のリターンにも、国際商品相場が長期平均に対してどのような水準にあるかにも左右される。

とは言え政治的には、将来世代のために現在の消費を手控えるのは容易ではない。ナイジェリアでは二〇〇三年に、経済改革派が政権の重要な地位を占めた。彼らはすぐに、石油収入が略奪されていることに気づく。あからさまな着服が横行しているだけでなく、石油収入から貯蓄に回す比率が桁外れに低かったのである。しかも原油価格の急騰は常軌を逸しているように見えたから、その水準が長続きするとは思えず、将来の下落に備えるためにも貯蓄は必要だと考えられた。彼らは「雨の日に備える蓄えが必要だ」と素朴な比喩を使って、このことをナイジェリア議会で説明する。すると議員たちの答はこうだった——「いま雨は降っていないじゃないか」。言うまでもなく、貯蓄率引き上げに対して議会が反対する理由の一つは、支出を許可すれば、それに応じていくばくかが懐に転がり込んでくるからである。貯蓄を許可しても、そんなことは期待できない。ともあれこのことは、資源収入を貯蓄する必要性に関して、政治を説得するのがいかに困難かを如実に示している。

貯蓄率引き上げに成功した事例は、どれほどあるのだろうか。この問いには、長期的な資産減耗とブーム期のそれとを分けて答える必要がある。長期的な天然資源の減耗を他の資産の蓄積で埋め合わせることに関しては、つい最近まで、総合的な指針となるべきものが存在していなかった。原理的には、一国の総所得と総支出を表す国民経済計算が答を示してくれるはずである。ところが、国民経済計算は六〇年にわたる歴史があるとは言え、もともとは世界の富裕国を想定して設計されている。これらの国では、経済に占める自然資産の比率がごく低いため、その減耗の補塡はさして考える必要がない。この計算手法を資源豊富な低所得国に適用すると、所得が過大に評価されがちになる。理由は、こうだ。従来の国民経済計算によれば、ナイジェリアの国民所得の半分近くは、原油の採掘によって得たものである。だが実際にはナイジェリアは所得を生み出しているわけではなく、自然資産を売ったに過ぎない。読者が自宅を売った場合、それで得た収入をその年の他の収入と同じには扱わないだろう。だがナイジェリアの国民経済計算では、まさにそれをやっている。この誤りを正してくれるのが、グリーン会計と呼ばれる会計手法である。グリーン会計では基本的に、自然資産の減耗は、他の資産の蓄積によって相殺されない限り、見かけの所得から差し引く。最底辺の一〇億人の国々にグリーン会計の適用を試みた研究で、これまでのところ最も説得力があるのは、ノーベル賞受賞経済学者ケネス・アローが行ったものである。アローのチームは、一九七〇―二〇〇〇年の三〇年間について、人工資産だけでなく自然資産まで含めた包括的な富の再評価を行った。さらに最近になって、ケンブリッジ大学のインド人経済学者サー・パーサ・ダスグプタが修正を加えており、私はこの資料を参考にしている。

この再評価によれば、アフリカの国民一人当たりの包括的な富は三〇年間に年二・八パーセントのペースで減っており、三〇年の終わりになると富は半分以下になってしまう。先祖伝来の銀器を次々に売って消費に充当してきたわけである。一般国民は、生活水準がやっとのことで維持されている状況なので、略奪をしているとの意識はないだろう。だがその生活水準ですら、自然資産をむさぼり食って実現したものである。現世代は将来世代に残すべき自然資産を食いつぶし、何の埋め合わせもしていないことがわかる。データを見ると、この期間中の略奪が途方もない規模におよんでいることがわかる。

一方近年の資源ブームは、また別の難題を突きつけている。ブーム期には、こうしたお祭り騒ぎは長続きしないのだから貯蓄率を高める必要があると認識されているか、それとも盛大に消費してかまわないと認識されているかが大きな問題となる。データを見ると、前者のケースもあれば、後者のケースもあることがわかる。少なくとも二〇〇三―〇七年のブームの際は、ナイジェリアの経済改革チームがブームは一過性であるとわきまえ、貯蓄率を引き上げた。おかげでブームが過ぎ去る頃には、ナイジェリアは七〇〇億ドルという巨額の国外資産を積み上げていた。これは、イギリスの外貨準備高を上回る数字である。じつは改革チームは全員が一九七三―八六年のブームのときの浪費を経験しており、二度と同じ過ちを繰り返すまいと決意していた。ナイジェリア国民は、彼らに大いに感謝しなければなるまい。

他の国は、過去の失敗から学んできただろうか。アフリカの産油国の中では、北アフリカの二カ国、アルジェリアとリビアがブーム期の貯蓄率を大幅に引き上げたとみられる。だが手元のデータを見る限りでは、他の主要産油国（チャド、カメルーン、アンゴラ、ガボン、スーダン）には慎重な姿勢は見受けられない。アフリカ全体として見れば、二〇〇三年の資源ブーム直前の貯蓄率は国民所得の二〇パーセントという低い水準にとどまっていた。二〇〇四―〇八年のブーム期間中はたしかに貯蓄率は上昇したが、それもたった四パーセントに過ぎない。しかもその貯蓄の使途はと言えば、期待に沿うものだったとは言いがたい。これらの国は慢性的な資本不足に陥っているのだから、国内には国際資本市場よりも高いリターンをもたらす投資機会がいくらでもあったはずである。そのようなときに外国で貯蓄しておくのは言語道断であり、投資に対する意識が低いと言わざるを得ない。だが悲しいことに、ほんのわずか増えた貯蓄の大半が国外投資に充てられており、ブーム期の国内投資の増加は平均して二パーセント足らずにとどまっている。

対照的なのは、アジアである。アジアは資源豊富というほどではないから、自然資産の減耗に手当てする必要はないのだが、資源ブーム期の国内投資比率は平均三七パーセントに達している。貯蓄率はもっと高く、その結果として中国の米国債保有高は二兆ドル相当まで膨らんでいる。これに対して同時期のアフリカの投資率は二三パーセントにすぎない。

チャイナ・ディール方式による投資の確保

将来世代に対する倫理的な義務を守るのが政治にとってこれほどむずかしい理由の一つとして、用心深い政府がいくらがんばっても、将来無謀な政府が出現して台無しにしてしまう可能性があることが挙げられる。石油ブームの間、ナイジェリアの改革チームは七〇〇億ドルの海外金融資産を積み上げたが、この資産はいずれ国内インフラ投資に充当されるのだろうか、それとも消費に使われてしまうのだろうか。消費に回された場合には、改革派がやったことは、消費の大盤振る舞いで得られる政治資本を同世代の政治家から後継者に移転したに過ぎないことになる。

したがって、慎重な政府が下した貯蓄の決定が、後で覆されないような措置を講じておくことが望ましい。この必要性を認識していたナイジェリアの改革チームは、法律で縛る方法を選択した。そして、堅実な貯蓄率の決定権を財務大臣に与える財政責任法案を提出した。ナイジェリアは連邦制で、石油収入の半分は連邦政府ではなく三六の州のものになる。したがって、同様の法案を連邦議会だけでなく各州の議会でも通す必要があった。連邦法はブームの間に成立したが、同様の州法が可決成立したのは、ブームが終わる頃になってもまだ七州に過ぎない。貯蓄をあとから取り崩されないようにするには、ほかにどんな方法があるだろうか。

思いがけず一つの方法を提供しているのが、中国である。この一〇年というもの、中国は精力的にアフリカで資源取引を展開しており、すでに述べたようにインフラ建設との交換条件で資源の採掘権を買い漁っている。国際機関は、こうした手法に批判的だ。チャイナ・ディールでは、採掘権を売って現金を国庫に収めた後に政府がインフラ投資を行うわけではなく、国家収入として予算編成に組み込まれるプロセスが完全にバイパスされてしまう。その結果、取引はまったく不透明で、適切な精査を行うことさえできない。

調べられる恐れがないのだから、自然資産の権利を秘密裡に売りたがっている汚れた政治家にとって、魅力的であることは言うまでもない。だが多くの政治家から話を聞いた結果、チャイナ・ディールは改革派にとっても魅力的になりうることがわかってきた。用心深い財務大臣であれば、二三パーセントという投資率は低すぎることがよくわかっているだろう。だが大臣は、もっともなことながら、インフラ投資の拡大を主張するのが自分一人であることを恐れる。閣議の席では、国防大臣が軍人の給与を上げるべきだと主張し、兵士の間に不満が充満していると言って、意味ありげに大統領に目配せするかもしれない。あるいは文部大臣が、国庫収入の増加を知った教員組合がストライキを計画していると言い出すかもしれない。ともかくも財務大臣は、国庫収入の七七パーセントにも相当する巨額の資金がいつもの支出に雲散霧消してしまうことを懸念する。そのような結末に比べれば、たしかに中国との取引は魅力的に映ることだろう。このやり方なら、閣議に諮る必要はない。採掘権の見返りにインフラ建設をするという申し出だから、闇収入の投資率は一〇〇パーセントである。この提案を受け入れれば、財務大臣は投資決定を取り消し不能にでき、時間不整合の問題も発生しない。国際機関が疑うように、もしもチャイナ・ディールが一方的に中国にとって得だとすれば、財務大臣にとっては、自国の将来を現世代に略奪されるか、現在を中国に略奪されるか、という選択になる——まさに前門の虎、後門の狼である。

ではここで財務大臣が、予算プロセスをバイパスして投資を取り消し不能に固定はしたいが、中国側の提案が公正かどうか確かめたいと考えたとしよう。その方法は、ある。中国との取引で欠けているのは、競争である。インフラ建設と引き換えに採掘権を売ってくれと申し出ているのは中国だけで、他国の資源会社は、中国がそのような新手の取引をしていることすら知らない。政府には、中国と秘密交渉に入らずに、採掘権を公開入札にかけるという方法もある。ただし権利売却の見返りに、現金ではなくインフラ建設を要求すればよい。中国政府は資源会社、建設会社などでコンソーシアムを組んで取引を申し出るやり方をしてきた。他の事業者もこれに倣って応札すれば、入札は成立する。入札は、通常の入札と同じく特定鉱区の採掘権を対象に行うが、応札側は金額ではなく、客先が建設を希望するインフラ案件リストのどこまでを引き受けるか明記する。これで中国が落札すれば、中国の提案がいちばん魅力的だったことになる。中国がアフリカを略奪していると非難するのではなく、国際社会が中国流をまねする方が、より建設的ではないだろうか。

放置された義務

「略奪」はいささか感情的な言葉で、海賊行為や暴力のイメージがつきまとう。だがこの言葉は、もともとは「所有権の否定」を意味する経済学の概念に由来し、盗みほどあからさまでないとも言える。これまで低所得国では、自然資産が現世代によって略奪されてきた。すなわち、将来世代の妥当な権利に対して十分な配慮が払われてこなかった。そのような略奪は、あるいは緩慢な枯渇という形で、あるいは大鉱脈を一気に掘り尽くす形で、将来世代を貧困に陥れる。これはけっして仮定の話ではなく、現にいま生きているアフリカの人々の大半は、若すぎて選挙権のない将来世代である。

前章では、自然資産の価値の一部が、外国の資源会社と一握りの政府高官によって荒っぽく略奪されていると指摘した。そして本章では、よりひそやかな略奪により、問題が一段と複雑化していることを示した。今日の有権者は将来世代に比して少数派であるにもかかわらず、権力を濫用している。最近、こうした考えをカメルーンのある大臣と話す機会があり、持続不能な収入は分けて考えるべきだと指摘したところ、大臣はこう質問した——収入のほぼ全部が原油に由来し、したがって持続不能である場合にはどうすればよいのか。もちろん大臣は答を知っていたはずだ。貯蓄率を引き上げればよいのである。だがカメルーンではすでに遅きに失したこともわかっていたのかもしれない。これまで政府が下してきた決定によって、国を挙げての消費が染み付いているからだ。だが、他の国はまだ間に合う。二〇〇九年九月に、同じくアフリカ大西洋岸のシエラレオネで石油が発見された。今後数年以内に下される決定で、現世代が石油収入を貯蓄に回すのか、略奪するのかがわかるだろう。

資源収入を貯蓄に回す決定は重要ではあるが、それだけでは十分とは言えない。その貯蓄をどう投資するのか、最後の最後に難関が控えている。最底辺の一〇億人が暮らす資源富裕国は、自国に賢く投資することを学ばなければならない。

第7章　投資への投資

すでに述べたとおり、自然資産を持続可能な開発のために活用する過程は一連の決定連鎖によって決まり、その結果は鎖のいちばん弱い環に左右される。そしていま私たちは、鎖の最後の環にたどり着いた。しかしまことに残念なことに、この環がいちばん弱い。

政府が、ここまでに三つの決定をうまく下してきたとしよう。第一に、地質調査を行って資源の存在を裏付ける十分な情報を収集し、資源発見の可能性の高い採掘権を入札にかけて高値で落札させた。第二に、自然資産の経済価値の大半を捕捉できるような税制を設計し、税収のかなりの割合を貯蓄しながらも、将来世代に対する義務は果たせると判断したうえでいくらか消費を増やした。そして第三に、国内インフラ投資のリターンは外国の無リスク資産のリターンよりはるかに高いことを理解し、それを活かせば将来世代に対する責任をより効率よく果たせると気づいた。となれば残る環はただ一つ。その国内投資を実行することである。

国内インフラ投資の拡大は、開発そのものである。新興市場国にあって最底辺の一〇億人の国にないもの、すなわちオフィス街、工場、道路、発電所を建設する。なぜこの最終段階が最もむずかしいのだろうか。

読者はＩＭＦが低所得国の政府に対し、資源収入を貯蓄したら、国内に投資せず海外金融資産を買いなさいとアドバイスしてきたことを覚えておられるだろうか。これはノルウェー・モデルに則った助言であり、貧困国の用心深い財務大臣はこのモデルに惹かれてきた。たしかにＩＭＦの助言は、これらの国が直面する現実的な問題を踏まえている。仮に国内に追加的な投資を行っても、それにふさわしいリターンは得られない可能性が高いのである。それどころか、もともと脆弱な公共投資の仕組みを重要度の低いプロジェクトで滞らせ、質の低下を引き起こして、経済にダメージを与える可能性もある。ＩＭＦによれば、これは「吸収」の問題だという。いささか漠然とした説明だが、要するに投資を増やしても、それが経済に吸い込まれていかないのである。ＩＭＦは援助についても同様の懸念を抱いているのだが、それでも資源収入の方が問題は多い。短いブーム期に集中するうえ、援助とは異なり、プロジェクト実行のための支援部隊が大勢送り込まれてくるわけではないからだ。

ＩＭＦが国内投資になぜ懐疑的なのか、ここで一つ例を挙げておこう。資源ブーム直後の二〇〇九年四月、ナイジェリア政府は、ブーム中に蓄えた資金の中から五〇億ドルを発電事業に投資すると発表した。同国では電力不足が経済活動の停滞を招く最大の単独要因となっており、電力供給の増強が待ち望まれていたから、この発表は好意的に迎えられた。だが喜ぶ前にまず、ナイジェリアが慢性的な電力不足に陥っていたのはそもそもなぜなのか、考えてみるべきだろう。答は投資不足ではない。投資以前にお金がどこかに消えてしまうことが問題なのだ。二〇〇九年四月二八日付け『ウォールストリート・ジャーナル』紙によれば、発電事業にこれまでに投資された予算のうち、一六〇億ドルが不正に流用されたという。したがってナイジェリア政府にとっては、五〇億ドルが行方不明にならないようにすることが、きわめて重大な問題となる。

発電事業に割り当てられた政府予算から一六〇億ドルが不正に流用されたとなれば、政府高官や政治家の多くはとてつもない額を懐に入れたことになる。一九九八年以来ナイジェリアは民主国家になっているというのに、なぜきちんと監査が行われなかったのだろうか。

たまたまオックスフォードの私の研究センターには、ヌフ・リバドというナイジェリア出身の客員研究員が来ている。リバドは警察官で、オックスフォードでは警察の仕事に関する論文を執筆中だ。リバドには、ナイジェリアで何が起きたのか、ぜひ世界に向けて発信してもらいたいと思っている。私に話すときのような控えめな表現を使っても、衝撃的な内容は十二分に伝わるはずだ。リバドがナイジェリアで所属していたのは、911テロを契機に設立された非常に重要な機関である。テロ後にアメリカ政府は当然ながらテロ集団への資金の流れを遮断しようとし、この問題に取り組むために、先進国の協力を仰いでタスクフォースを発足させた。資金洗浄に関する金融活動作業部会（FATF）である。そしてFATFは、金融システムの監視体制が不十分でテロ集団への資金経路となりかねないと思われる国のリストを作成したのだが、ナイジェリアはその中に含まれていた。

オバサンジョ大統領は優秀な政治家で、これが自国の評判を傷つけかねないことを理解していたし、自国の国際的評価を高めることは自分の重要な任務の一つだとも心得ていた。それにオバサンジョはトランスペアレンシー・インターナショナル（各国の汚職監視を行う国際的な非政府組織）の創設者でもあり、自国の腐敗と戦う気概を十分に持ち合わせていた。そして二〇〇二年には新たな捜査機関「経済・金融犯罪委員会」を設立し、委員長にリバドを指名する。ナイジェリアを不名誉なリストから外すためには何でもしてよい、と大統領はリバドに指示した。そしてリバドはやり遂げた。

私自身も国際的な行動規範の大切さはよく知っているつもりだったが、このエピソードほど、そうした規範が大きな力を発揮しうること、もっと有効活用すべきであることを教えてくれるものはない。FATFは、テロ攻撃のリスクを減らし先進国の利益を守るという目的で組織されたのであって、ナイジェリアの腐敗防止のために設けられたわけではない。にもかかわらずこの組織は、国際社会がそれまでに行ってきたどんな努力よりも同国の状況を改善することに貢献した。実際その成果は、ナイジェリア独立以降で最大だったと言ってよい。

リバドは四〇人の捜査官を率いて汚職の大海へ乗り出した。リバドが立てた戦略は、トップから崩すというものだった。汚職を根絶やしにするつもりなら、下っ端を捕まえても意味はない。彼らは生き延びるためにやっているに過ぎない。大事なのは大物を追及することである。大物を起訴できれば、エリート層に衝撃を与えることができる。リバドは政治的リスクを前にしてもすこしもたじろがず、ついに上院議長を逮捕し、さらに自身の上司である警察長官をも起訴に持ち込むことに成功した。

リバドが気づき、他の人は知りようもない事実が一つあった。汚職がはびこるここ数年というもの、当局の無能力のせいか制度設計の不備のせいかはわからないが、ともかくも起訴まで持ち込めた例が一つもないことである。警察長官の預金は、合計一億五〇〇〇万ドルに達していた。これが、不正流用された一六〇億ドルの一部であることはまちがいない。残りは他の政府高官が、政府支出の監査官の立場を利用してせしめたのだろう。監査を逃れる代償は高いものにつく。一億五〇〇〇万ドルがたった一人の懐に収まったことから類推すれば、他の監査官を懐柔するにはさらに巨額の資金が必要だったと考えられる。これだけ大がかりな贈収賄が行われたことからして、略奪は数十億ドル規模に上ったと考えるべきだろう。リバドがオックスフォードに来たのは、オバサンジョ大統領の任期が切れてから、もう一人大物を起訴したからだった。いやそれどころか、彼自身も些細なことで告発されていた。私は、指名手配された男に避難所を提供したわけである。

汚職が公共投資プログラムの実行を阻む最大の原因になっている国は、ナイジェリアだけではない。他の支出よりも公共投資が汚職の温床になりやすい理由ははっきりしている。投資によって買い入れる資本には、大きく分けて二種類ある。設備と構造物である。トラックと道路、と考えればわかりやすいだろう。公共投資で圧倒的に多いのは、構造物の方である。一方、民間投資では設備が大半になる。最底辺の一〇億人の国々では自前で設備を作る能力がないため、国外の市場で調達することになるから、値段が高過ぎないかどうかは容易にチェックできる。これに対して構造物は、国内の建設産業が請け負うことになる。そして世界的にみても建設業というものは、鉱業に次いで、贈収賄で悪名高い業種と言って差し支えあるまい。建設プロジェクトは、現場の条件に合わせなければならないうえ施工業者の技術力や資材価格にも左右されるので、横並びでの比較はむずかしい。しかも建設中に設計が変更され、それに伴って価格変更の交渉が行われることがめずらしくない。建設業にはこうした特殊な事情があるため、ある建設案件の総工費が賄賂で水増しされているかどうかを見きわめるのはむずかしい。競争入札を実施しても、業者の側が対抗措置を講じるのはさほどむずかしくない。たとえば建設会社が、決定権を握る政府高官と密約を取り交わすケースがある。この会社は最安値で落札するが、工事の途中で政府高官がおもむろに設計変更を行う。こちらは競争入札の対象にならないため、結果的に総工費はひどく高くなる。このように大型の公共投資プログラムは、世界中どこでも腐敗のはびこる産業に委ねられているのである。

とは言え世界中どこの国でも、大型投資の吸収に問題を抱えているわけではない。たとえばアジアでは、国民所得に対する投資の比率はアフリカよりはるかに高い。最底辺の一〇億人の国々で、国内インフラ投資の比率が現在の二〇パーセント前後からせめて三〇パーセント前後まで上がったら、それでもアジアの開発途上国よりはまだ低いのだが、画期的な変化がもたらされるだろう。投資がうまくいかないのは、汚職以外にも原因があるのだろうか。

投資機会はどこに

アフリカで投資がこうも低調なのは、端的に言ってリターンが低いからだとも考えられる。何と言っても投資家は自己資金を投じるのだから、リターンが低ければそっぽを向くだろう。私の教え子の一人ジャン゠ルイ・ウォーンホルツはこの点を確かめることにし、まず民間投資のリターンの指標となりそうなものを三つ選んだ。第一はアメリカの地域別直接投資、第二は各国の株式投資、第三は世界三〇カ国から抽出した製造業一万八〇〇〇社のリターンである。情報を集めるだけでも大変だったが、さらにそれを加工して比較できるようにしなければならない。だが苦労は報われた。三種類の指標いずれについても、アフリカにおける民間投資のリターンは他のすべての地域を上回っていたのである。『ハーバード・ビジネスレビュー』誌はこの衝撃的な研究成果を高く評価し、二〇〇九年の「画期的な着想ベスト二〇」に選んでくれた。その翌月には『ニューズウィーク』誌「二〇〇九年世界の発想ベスト一〇」にも選ばれている。本書が発行される頃には、一〇年間で最も優れた着想と評されるようになっているかもしれない。それはともかく、重要な点はこうだ――アフリカで投資が振るわないのは、けっしてリターンが低いからではない。

とは言え、平均リターンが高いことと、限界リターンすなわち追加的投資のリターンが高いこととは別物である。そして投資拡大を促す要因となるのは、限界リターンの方だ。他の条件が一切変わらずに投資だけが大幅に増えたら、その追加的な投資のリターンは既存の投資より低くなる。それも、おそらくは大幅に低くなるだろう。もともとのプロジェクト選定すなわち投資機会の選択肢が根本的にまちがっていない限り、先に選ばれたプロジェクトの方が、リストの下の方にあるプロジェクトよりもリターンが高い。おそらく上位数件のプロジェクトは、めざましいリターンをもたらすだろう。だがそれは、他にも同等の投資機会があるかのように思わせる誤ったシグナルと言える。追加的に行われるプロジェクトはそもそも優先順位が低いうえ、実行能力も乏しくなっている。こうして、投資プログラムは不急不要のプロジェクトで滞りがちになり、非効率に陥る。

投資を拡大してもうまく「吸収」できないという問題は、現実に起きている。だからと言って「国内に投資しないで外国に投資しなさい」というＩＭＦ流の解決方法に従うのは敗北主義的であり、その代償は高くつく。なるほど、クウェートのように不労所得で食べていける国は存在する。この国の国民は、ニューヨークに蓄積した金融資産が生み出す所得で暮らしている。だが現在の低所得国で、現実に不労所得で食べていけそうな国はほとんどない。クウェートのようになれるのは、豊富な人工資産に比してなお自然資産がいちじるしく豊富だという意味で資源豊富な国に限られる。一握りの国、たとえば赤道ギニアなどは、ひょっとするとクウェートのようになれるかもしれない。だが他のほとんどの国は、中所得国になるためですら、国内経済をもっと発展させることが必要である。資源収入から国内経済に投資する比率を高めること、それも建設的な方向に高めていくことはむずかしい課題ではあるが、いつまでも避けて通ることはできない。究極的にはこれこそが、資源豊富な低所得国が取り組むべき重大な課題だと言える。ここに到達するまでに述べてきたすべてのことは、前奏部と言っても差し支えない。

この課題は、まったく異なる三つの要素に分けられる。リターンの低下を招くことなく投資比率の飛躍的向上を実現するためには、どれ一つとして欠かすことはできない。その第一にして最重要の要素は、政府による公共投資の質的改善である。しかしこれだけでは十分ではない。というのも公共投資のリターンは、補完的な民間投資をどれだけ誘発できるかに左右されるからだ。従ってこれが第二の要素となる。もちろん政府には民間投資をコントロールすることはできない。だが投資を命じることはできなくとも、政策措置を通じて魅力的な投資環境を作り出すことはできる。

だが公共投資も民間投資も大幅に増えたとしても、それで万全とは言えそうにない。最底辺の一〇億人の国々では、公共投資も民間投資もある共通の問題を抱えているからだ。投資が拡大すると、もともと高価だった資本財の価格が往々にして急騰するのである。そうなったら、いくら投資を増やしても、購入できる資本財の量は少ししか増えない。しかし資本財こそ、生産高を増やす決め手であるから、ぜひともその価格を抑制しなければならない。以上のように、投資が経済に吸収されるためには、これら三つの難事業、すなわち公共投資の改善、民間投資の奨励、資本財の価格抑制に取り組む必要がある。私はこの三つを合わせて「投資に投資する」戦略と呼んでいる。投資の拡大を投資の生産性向上と結びつけるためには、社会はお金と努力を投資して学ばなければならない。

公共投資の改善

まず手をつけるべきは、公共投資の改善である。資源収入を受け取って貯蓄するのは政府であるから、その使途に優先順位をつける責任は主に政府にある。何事もそうだが、欲張りすぎるとよい結果は出ないもので、プロジェクトも多すぎると、リストの下の方へ行くにつれて不急不要のものが増えることになる。

政府が投資の大幅拡大を公の場で決めた場合には、結果は一段と悪くなる可能性がある。日頃から政府支出の争奪戦を繰り広げる特別利益団体が獲物の増えたことに気づき、合法非合法を問わずあらゆる手段を使って一段と奮闘するからだ。レントシーキングと呼ばれるこのロビー活動のせいで、多くのリソースが浪費される。チェック・アンド・バランス（たとえば先に述べた、政府高官の不当な命令を阻止する「関所」など）がうまく機能してレントシーキングがじゃまされようものなら、ロビー団体は邪魔な障害物を排除しようとする。リバドが母国を脱出せざるを得なかったのも、こうした団体の謀略で重要な監視機関が廃止されてしまったせいだった。カリフォルニア大学の政治学教授マイケル・ロスは、政権上層部でのこうした破壊工作を指して、レントシーキングならぬレントシージング

（レントの奪取）と呼んでいる。ただしロスがこうした工作に気づいたのは、アフリカの石油絡みではなく、タイの木材だった。同国の調査をしているうちに、森林資源の略奪を阻むチェック機構が次々に外されていることを発見したのである。

とは言え公共投資の大幅拡大は、過去と決別するよい機会となりうる。政治的にも、予算が横ばいのときより拡大したときの方が新しい慣行を採り入れやすい。公共部門で投資に投資するためには、そのための戦略が必要であり、準備には二、三年を要するだろう。生産的なプロジェクトを構想するためには、スタッフの増員やしかるべき意思決定プロセスの導入なども必要になる。

公共投資プログラムを巡る贈収賄などの腐敗を防ぐことは、けっして不可能ではない。最も基本的な対策は、すべてのプロジェクトを例外なく競争入札にかけることである。契約時になって仕様変更をするといったやり口で競争入札の健全性を損なうことは比較的容易であるにしても、それに伴う汚職は食い止めることができる。たとえば、上位機関の承認なしに現場の裁量で仕様変更のできる上限金額を決めておけばよい。第3章で論じたような「関所」を承認プロセスに組み込むのも有用である。第3章では関所のマクロ経済的な影響について述べ、資源富裕国にそうした仕組みを導入すれば経済の総合的な改善が期待できることを示した。ただしリバドの経験が物語るように、刑務所送りになる恐れのない限り、仕組みだけ整っても十分な効果は得られない。

国内的な措置を強化する役割は、国際的な行動に期待できる。建設会社の多くは国際展開しており、本社をＯＥＣＤ加盟国のどこかに置いている。そこで、採取産業透明性イニシアチブ（ＥＩＴＩ）のような国際的な活動が資源採掘絡みの汚職摘発に役立つ。現在イギリス政府は建設業についても、建設産業透明性イニシアチブ（CSTI）を通じて同様の取り組みを実施している。また建設業界向けソフトウェア開発を手がけているある起業家は、『最底辺の10億人』を読んで、私に協力を申し出てくれた。さっそく私はこの起業家をあるアフリカの国の政府に紹介した。国が発注する建設契約に標準化されたソフトウェアを使用すれば、贈収賄を監視しやすくなるからである。賄賂を贈る企業も受け取る政府高官もいずれ抜け道を見つけるにしても、ソフトウェアなら次々に対抗策を打ち出すことができる。

しかし大型の公共投資プログラムの実行には、汚職防止よりはるかにむずかしい問題がある。まずプログラムを設計しなければならないが、どのプロジェクトを選び、どれを外すべきだろうか。技術的にも政治的にも、これは難問である。技術的には、プロジェクトの予想リターンを計算して最善のものを選ぶのがむずかしい。従来は、費用便益分析が用いられていた。だがこの手法は、低所得国の公共投資プロジェクトの選別にはあまり適していない（世界銀行で公共部門政策を担当する新任理事も、あれは役に立たない、と私に打ち明けた）。と言うのも、大型プロジェクトになるほど、経済全体にわたって計測不能な効用が発生するのに、それを把握しきれないからである。イギリス政府は多くの公共投資に費用便益分析を活用しているが、都市間高速道路や幹線道路など社会的影響の大きい大型投資に関しては、このアプローチでは決定にゆがみが出かねないと認めている。同国の幹線道路評価に関する常任諮問委員会は、このゆがみを是正する試みとして、すべての幹線道路の予想便益を三〇パーセント多めに見積もるよう提言した。だが三〇パーセントというのはまったく裁量的な数字であり、おそらく不適切だろう。費用便益分析に依存しているせいで、三〇パーセントの上乗せをしたにもかかかわらず、イギリスの渋滞は解消されず高速鉄道や自動車道路は不足したままだ。一方、大型プロジェクト好きのフランスでは、これらのインフラは十分に整備されている。

費用便益分析には、ちょっとした軍隊並みの経済専門家を必要とする点でも、最底辺の一〇億人の国にとっては実用的でない。これらの国の官公庁は、少数の大型プロジェクトを除き、分析作業に人手を割ける状況ではない。しかも大型プロジェクトは、先に述べた理由から、費用便益分析には最も適していない。また、たとえ分析のできる技官がそろっているとしても、彼らの独立性が確保できるかどうかで結果は大きく変わってしまう。最底辺の一〇億人の国々では、大方の政府機関で、大臣の意見に逆らった公務員のクビは危うい。しかも、政治主導で決められた優先順位に反証を提出することは、費用便益分析の目的の半分でしかない。

投資の選定を政治家の気まぐれに任せるべきではなく、実際には精度の低い費用便益分析に基づくべきでもないとしたら、ほかに何を頼りにすればいいだろうか。低所得国にとって現実的なアプローチは、ノルウェーではなく中所得国を手本にすることである。いまでは、お手本になる中所得国はたくさんある。たとえばマレーシアやボツワナはこの三〇年間で貧困を脱し、国民はおだやかな希望に満ちた展望を抱けるようになっている。低所得国が、中所得国群の中から、三〇年前に自国とほぼ同じような状況だった国を見つけることはきっと可能だろう。手本となる中所得国が経済の転換に成功しているのを見れば、勇気を持って公共投資の決定を下すことも、先輩国の失敗から学ぶこともできるにちがいない。言い換えれば、お手本国が行った投資のパターンや順序をそっくり雛形として活用することができる。慎重を期すために、単一の国をモデルにするよりも、数カ国の共通点に着目する方がよいだろう。マイケル・スペンスを議長とする「成長と開発に関する委員会」は二〇〇八年に発表した報告書の中で、まさにこの成功例から学ぶ現実的なアプローチを採用している。かつての低所得国の中から、過去三〇年にわたり一〇年ごとに経済規模を二倍に拡大してきた三六カ国を抽出して共通点を検討した結果、とりわけ重要なのが公共投資を高水準に維持することだった、とスペンスは指摘している。

適切な公共投資の選定は、スペンスが取り組んだ問題に比べればはるかに範囲が狭い。だが開発に必要な公共インフラの大半は耐用年数が数十年におよぶにもかかわらず、社会が変化すると、その必要性が劇的に変わってしまうことがある。たとえば現在は農村開発が必要だとしても、都市化が急激に進んだら、都市交通システムが必要になるだろう。変化への対応が遅れると、投資はひどく高いものにつく。あるときロンドンの地下鉄（一八六三年開業という先見的プロジェクトの代表格である）でイライラしながら電車を待っていたら、ニュージーランドから来たカップルにたしなめられた。「オークランドにもし地下鉄があったら、遅れたって文句は言わないよ」

ここで再びナイジェリアに登場願うことにしよう。同国はアフリカでは群を抜いて人口が多く、豊富な石油資源のおかげで変革のチャンスが大いにある。もし社会が転換期を迎えたら、人々はどこに住むだろうか。この質問はあまりに遠い未来のことに感じられるかもしれないが、一二カ月先の原油価格を予想するといった、近い将来に関する質問よりもじつは答えやすい。ナイジェリアが発展するにつれて、多くの人が沿岸部の都市に住むようになるだろう。このプロセスは中国でだいぶ前から大規模に進行中であり、億単位の人間が内陸部から移って来ている。サハラ以南のアフリカでは現時点ですでに最大の都市であるラゴスは、今後三〇年以内に、人口二〇〇〇万以上を数える世界のメガシティの仲間入りを果たすだろう。ナイジェリア経済のうち、石油に依存しない活動の半分は現時点でラゴスに集中している。将来石油生産が先細りになり、新たな経済への転換が行われるとしたら、その大半はラゴスとその周辺で営まれるようになるだろう。ラゴスには、有利な点が二つある。一つは港があること、もう一つは、各国の製造業にとって港湾都市は拠点となりうることである。港湾都市であるだけでも有利だが、大型の港湾都市であれば、一段と有利になる。

大きな都市ほど、その住人の生産性は高まる。経験則で言えば、都市の人口が二倍になるごとに、都市労働者の生産性は約六パーセント向上する。たいしたことはないと思われるかもしれないが、小さな村から大勢の人が大都会に移って来たら、その累積効果はきわめて大きい。たとえば一〇〇〇万都市で働く人は、一〇万都市で働く人より四〇パーセントも生産性が高い計算になる。しかもアフリカでは大半の人が、一〇万都市に遠くおよばない小さな村に住んでいることを思い出してほしい。中国で起きたことはあまりに桁外れで、アフリカには当てはまらないように見える。たしかに中国の場合、土地が広大なので、メガシティが巨大な後背地を抱えられるという利点がある。だが同じことは、インドでも起きているのである。したがってアフリカにもメガシティが必要である。トニー・ベナブルズと私はアフリカとインドの都市化現象を比較した結果、アフリカはムンバイのような巨大都市を持たないために生産性向上の機会を逃しているとの結論に達した。生産性の高いメガシティがアフリカに出現するとしたら、最も期待できるのはラゴスである。

ナイジェリア経済の未来がラゴスにかかっていて、その未来が一世代以内に実現するとしたら（ナイジェリア政府が石油収入を活用する限りにおいて、それは十分可能である）、オイルマネーをどこに投資すべきかを指摘するのはさほどむずかしくない。ところがひどく奇妙なことに、ナイジェリア国内でオイルマネーが届かない唯一の場所が、ほかならぬラゴスなのである。

この奇妙な現象を理解するためには、石油を巡る駆け引きに注目しなければならない。四〇年前、ナイジェリアは石油を巡って内戦状態にあった。石油を産出するニジェール・デルタ地方は分離独立を主張し、他の地方は離脱を阻止しようとした。そこで政治的解決が図られ、一つひとつの州は分離独立するほどの規模を持たない三六州による連邦制が敷かれたのである。そして石油収入の半分が各州に分配されることになった。地方の政治家は、オイルマネーの分配を受け取ることが憲法で保証されたわけである。一方、ナイジェリア経済の未来を握ると目されるラゴスは、他州から繁栄を嫉まれていた。税収基盤が確立されているラゴスに対抗して他州は団結し、石油収入の分配からラゴスを除外することを法律で定めた。ラゴスはすでに地方よりも生活水準が高いのだから、少なくとも功利主義の計算に基づく限りにおいて、この措置にはいくばくかの意味はある。だが成長戦略としては、ラゴスを除外するのは、経済学の基本原則の否定にほかならない。未来の成長機会が、現在の利益のために犠牲にされようとしている。投資というものは、適所に投じられた場合のみ高いリターンをもたらす。ナイジェリアの現世代が、自然資産の価値の管理者として子孫の代に対して負う責任を考えれば、ラゴスにこそ重点投資を行うべきである。ナイジェリアが中所得国へと成長を遂げた暁に、孫たちの多くが住むのはラゴスなのだから。

さてこれまで論じてきたのは、公共投資をどのように設計するかという問題だった。だが最高の計画といえども、実行に移さなければ意味がない。たとえ汚職を防げたとしても、業務遂行能力が備わっていなければ、公共投資プログラムは成功しない。一九七五年に第一次石油ブームが始まったとき、ナイジェリア政府はインフラ投資を大幅拡大する決定を下した。これは、賢明な判断と言ってよい。三〇年後にトニー・ブレアが設置しニコラス・スターン卿が議長を務めたアフリカ政策調査会でも、アフリカの最優先課題はインフラ整備であるとの結論に達している。

というわけで、当初の判断は正しかった。だが実行が甚だしくまずかった。政府は、インフラ整備を推進するにあたって、必要量のセメントを国内の生産能力ではまかないきれないことに気づく。そこで輸入することになり、現場のことを何も知らない官僚がある遠国に必要な全量を発注し、ラゴス渡しの条件を指定した。決定権を持つ上位の官僚は誰一人として、貿易実務をわかっていなかったのである。セメントは、運んできた船から降ろすことができなければ、何の役にも立たない。ラゴスは天然の良港で、船舶は安全に停泊することはできるが、岸壁もクレーンもなかった。セメント運搬船が次々に到着し荷役待ちの列が長く伸びてくると、荷役が終わるまでに数カ月、いや数年待たされることが明らかになる。そこでセメントの売主は、おもむろに契約書を取り出して確認した。そこには、海運関係者以外にはほとんど知られていない標準条項が書き込まれている——滞船料である。船が指定の港に到着してから一定期間内に荷下ろしができなかった場合、買主が超過の停留料金を払う規定である。売主は、これがうまい取引であることに気づいた。減価償却の済んだ老朽船を探してきて、セメントを満載する。できれば、粗悪で安価なセメントがよろしい。そしてなんとかラゴスまで運ぶ。あとは錨を下ろしてできるだけ長く停泊し、滞船料をせしめる、という段取りである。ナイジェリア人は、この船隊を「セメント無敵艦隊」だと皮肉っている。そうなった原因にどこまで賄賂が絡んでいて、どこまでが調整ミスのせいなのかはわからない。ともかくもこの一件は、公共投資を拡大することのむずかしさを痛烈に物語っている。

公共投資プロジェクトを実行に移す際には、監視が必要である。政治的あるいは社会的に困難な環境であるほど、ものごとはまちがった方向に進みやすいので、ますます監視の必要性が高まる。長年にわたり世界各国で数千件に上る開発プロジェクトを手がけてきた世界銀行は、そのすべてについて事後評価を行っている。この巨大なデータベースを分析すれば、プロジェクトの成功率を高める秘訣が摑めるかもしれないというわけで、私はリザ・ショーベ、マルグリット・デュポンシェルの協力を得て調べてみることにした。紛争直後などで行政機関が機能不全に陥っている「脆弱な国家」の場合、どんなことがプロジェクトの成功に寄与するだろうか。こうした状況では当然ながらプロジェクトは失敗に終わる可能性が高いが、何か打つ手があるだろうか。調査の結果、世銀による監視が一貫して有効であることが確かめられた。このことは、公共投資を拡大したいが人員が不足している資源富裕国にとって、参考になるだろう。国際機関は、資源に恵まれない不公平を埋め合わせるべく資源貧困国への援助を増やす傾向にあるため、資源富裕国は多くの援助を受けることができず、援助ワーカーの訪問も期待できない。とは言えここで資源富裕国にアドバイスしたいのは、世銀に頼ることではなく、「自国にないスキルを外国から雇う」ことである。ボツワナの資源（ダイヤモンド）活用戦略でも、このことが重要な役割を果たした。外国人に頼ってばかりではなさけないと感じた政府は、自国の人材を教育し、外国人と一緒にプロジェクトの実行に当たらせたのである。

民間投資の奨励

投資に投資する戦略の二番目は、民間投資を促すことである。一九八〇年代以降ほとんどの経済学者は民間の行動の方が政府より優れていると主張してきたのだから、私たちはようやく、経済学者お得意の領域に到達したことになる。自然資産を活用した開発に経済学者の主張を当てはめると、一見乱暴な二つの結論が導かれる。

第一に、自然資産、たとえばザンビアの銅山がもたらすレントには、政府が社会的費用を負担してまで獲得する価値はない。レントを資源会社に与えておけば、資源採掘への投資が促進され、それが経済全体を潤してくれるはずである。ザンビアはこのアプローチをとってきた。

第二に、政府は自然資産から上がるレントに課税してもよいが、それを国民に還元すべきである。理論的には国民に文字通りお金を手渡してもよいが、それは最後の手段にすべきだろう。産油地帯であるニジェール・デルタ地方の分離独立運動に直面したナイジェリア政府は、二〇〇九年一〇月に、石油収入の一〇パーセントを同地方の住民に直接還元すると発表した。ただし現時点では、政府が収入の分配をどのように行うつもりかはまったくわかっていない。一般には、民間企業は政府よりうまく投資をするだろうとの期待の下、銀行システムを介して民間部門に還流する方法がとられる。カザフスタン政府はこのアプローチを採用した。公共投資を増やすのではなく国内銀行に流動性を供給し、民間企業への融資を促したのである。残りの資源収入は、ノルウェー・モデルに倣って国外で貯蓄した。

だがそこにグローバル金融危機が起き、市場の神通力を台無しにした（経済学者の大半はいまだにそれを認めようとしないが)。資源収入を民間に還流したカザフスタンでは、どんな結果になったのだろうか。同国は数年ほど大成功を収めたように見えたが、その後どん底に落ち込んだ。政府が国外に慎重に積み立てた貯蓄が暗黙の担保となったため、国内の銀行は海外から潤沢に借り入れ、資源収入を何倍にも膨らませて貸し出した。そして賢明なはずの実業家が借りた金で何をしたかと言えば、不動産を買ったのである。カザフスタンは不動産バブルに沸き、そしてすべてのバブルが終わるようにこのバブルも終わった。アメリカかイギリスに住んでいる人なら、そのような投資が必ずしも賢明でないことをいまでは知っているだろう。民間投資家も政府と同じくばかげた過ちを犯すのであり、彼らがそろって大失敗をしでかせば、政府が救済しなければならない。したがって、投資の努力を民間部門と分かち合うのは結構なことではあるが、つねにバランスを考える必要がある。政府は、自らの責任を放棄して民間に委ねるべきではない。

だがそれはそれとして、民間投資を促すために政府にできることはたくさんある。政策が機能しない状況で公共投資を増やしても、民間資産が国外に流出するいわゆる資本逃避が起き、せっかくの投資拡大を打ち消しかねない。第一次石油ブームのときには、ナイジェリアでまさにこれが起きている。セメント無敵艦隊のような失敗による浪費はあったものの、ともかくも公共投資は増えたのだが、多くの人が資産を国外に移したため、民間投資は縮小した。

民間の投資先として一つ明らかに有望なのは、当の資源採掘産業である。この産業は一般にきわめて資本集約型なので、低所得国の政府が投資するにはコストがかかりすぎる。また同じ理由から、この産業はさほど雇用を創出しない。さらに重大なのは、資源採掘への投資は枯渇を加速させるため、資源以外でやっていく道を見つけなければならない日が早く来ることになる。このように、資源採掘への投資は大きなリターンのみならず、社会の変革を結果としてもたらすと期待できる。

資源豊富な低所得国では、民間投資のリターンが高いにもかかわらず、資源以外の部門ではさほど活発ではなかった。原因として一つ考えられるのは、資源富裕国の経済は変動性が大きいことである。短期的に急上昇と落ち込みを繰り返すようでは、企業にとって不確実性が大きすぎる。そのショックを緩和するような政策措置を講じれば、民間投資を促す効果があるだろう。実際のところ、資源収入を海外で貯蓄しなさいというＩＭＦの勧告の根拠もここにある。だが投資の観点からすれば、これでは肝心の目的を見失っていると言わざるを得ない。

ベネディクトと私は、どうすれば価格暴落のショックを緩和できるかを調査した（ひどく先見の明があったように見えるが、この調査に乗り出したのは、じつはまったくの偶然からである）。一般に商品相場が世界的に下落すると、資源輸出に依存する低所得国は深刻な景気後退に見舞われ、その間は経済全体にわたって産出高が落ち込む。

価格暴落のショックを緩和しうる国内政策は、大きく分けて二種類ある。一つは、暴落が起きてから対応するおなじみの対症療法的な政策である。だが、危機の中で正しい対応をするのは本質的にむずかしい。とにもかくにも迅速性が求められるうえ、正しい政策は反発を買いやすい。もう一つは、構造的な政策である。すなわち、暴落が起きる前に手だてを講じておき、それを維持する方法である。こちらの方が困難な決断を迫られないので、最底辺の一〇億人の国にとって、このタイプの政策に関する研究は役に立ちそうだと考えられた。

政府の投資政策を評価する国際的な調査は、現在数種類が実施されている。中でも有用なのは、世界銀行が毎年行うビジネス環境調査『*Doing Business*』である。他の多くが聞き取り調査であるのに対し、世銀のこの調査は、輸入品の通関に要する日数、新規事業の合法的に開業に要する許可件数など、客観的な数値に基づいている。私たちはこのデータを利用して、資源輸出国の経済が価格暴落で被る打撃を緩和する方法はないか、調べることにした。

世銀の調査で報告される数字の多くは、基礎的な指標を平均して得られる集約値である。私たちはまず集約値に着目し、それらを分解して、どの構成要素が最も重要かを検討した。すると最終的に最も重要と考えられる指標はすべて、事業の参入・撤退のスピードに関係があったのである。言い換えれば、柔軟な対応を容易にする政策が導入されているほど、輸出収入の減少に伴うＧＤＰの落ち込みは少なかった。

この調査結果はあくまで統計的なものだが、直感的にもうなづける。資源価格が暴落すれば、その国の経済における事業機会には変化が生じ、一部の事業は縮小する必要が出てくる一方で、一部の事業は拡大が望ましくなる。このとき拡大がスムーズに進まないと、経済はいよいよ低迷する。また縮小が阻害されるのも、経済にとってはマイナスである。本来なら生き残れない企業がいつまでもぐずぐずしていたのでは、リソースの生産的な配分ができない。したがって、政策に求められることははっきりしている。資源輸出国の政府は、新しい事業の登場と不要になった事業の退場を容易にするような政策を打ち出す必要がある。

そうした政策は実行されているのだろうか。私たちの調べた限りでは、柔軟な事業環境から得るものが多い国ほどそうした政策が欠けているという、まったく逆の事態になっている。この傾向が広く見られるのは、おそらく経済政策が機能していないからだろう。通常であれば最適の政策を策定するプロセスが、資源収入によって阻害されているのだと考えられる。逆に言えば、資源富裕国の政府には、多様な民間投資を促す政策をとる余地が大いにあるということになる。

続いて私たちは、資源価格の暴落による悪影響を緩和するために、国際社会が援助を通じてできることはないか、検討した。国内政策と同じく、援助にも対症療法的なものと構造的な性格のものがある。対症療法で援助を行うのはむずかしく、また決定の手順が硬直的なので現実性にも欠ける。実際に価格が暴落してから援助を申し出る頃には、すでに事態は過去のものとなっている。したがって私たちは、構造的な援助に焦点を合わせることにした。昨今ではなにかと批判の的になっている援助だが、構造的なものであれば、資源価格ショックの影響を和らげる効果があることがわかった。だが最も影響を受けやすい低所得国を対象にそうした援助を検討している国際機関はなく、援助の設計において国ごとに異なる脆弱性は考慮されていない。しかし対症療法は当たり外れが大きいのに対し、構造的な対策は、国内政策・国外からの援助いずれも、価格暴落の衝撃緩和に効果的と考えられる。

資本財の価格抑制

最近の資源ブームの間、ほとんどの資源輸出国で不動産ブームが起きた。不動産ブームは、必然的に建設ブームを伴う。そして建設ブームが起きれば建設コストは上昇する。たとえばナイジェリアでは、建設コストが数年間で急上昇し、他の物価全般の上昇率の四倍に達した。したがってナイジェリアはインフラ投資への支出を増やす必要があったが、コストが膨らんだ分だけ投下資本を増やすことはできず、現実には計画縮小という結果になってしまった。官民ともに建設需要は旺盛だったため、嵩むコストは両者共通の悩みであり、結果的にどちらもインフラ投資への支出を増やせなかった。

投資に投資する戦略の三番目は、追加的な投資がコスト高で雲散霧消せず、金額に見合う価値を生むようにすることである。この点に関して、政府は現実的に何ができるだろうか。新しいビルを建設するときの手順を思い出してみよう。まず必要なのは土地である。ところが最底辺の一〇億人の国々では、多くの場合、適切な土地取引の市場が整備されていない。土地の権利は明確に定まっておらず、係争が多い。あるいは政府がすべての土地を所有しているが、国民に割り当てる適切な手続きが整っていない。建設の大半は都市部に集中すると考えられるので、まずは都市部での権利関係を明確化することと市場を整備することが急務である。シエラレオネでは内戦終結と相前後して石油が発見された。となれば同国の首都フリータウンでは活発な建設ブームが起きるはずだが、クレーンはどこにも見当たらない。じつは政治が混迷に陥っている間に、都市部では土地の所有権を申し立てる輩があちこちに出没し、杓子定規な裁判所で処理が終わるまで、建設に着手できないのである。さて土地が確保できたら、次には建設許可を取得する必要がある。一部の官僚にとっては賄賂をせしめるチャンスだ。これに関しては、政府は計画策定プロセスを迅速化する、裁量的な要素を減らす、透明性を高める、といった対策をとることができる。また建設には特殊技能が必要である。数十年にわたってほとんど投資が行われてこなかった国では、投資規模が拡大すると熟練者が不足してしまうので、建設労働者の技能訓練を行うと効果的である。さらに、ナイジェリアの官僚が一九七五年に気づいたとおり、建設にはセメントが欠かせない。外国から輸入するなら効率的な荷役設備が必要だし、国内で生産するなら幹線道路の整備が必要になる。最近私はナイジェリアの産業省を訪れ、同国一の金持ち（掛け値なしの大金持ちである）という男に紹介された。彼が富を築いた方法は、拍子抜けするほど現実的だった――ナイジェリアで最も必要なのはセメントであると見抜いて、国際相場の倍の値段で売ったのである。

インフラ投資の対象となる資本財は、すでに述べたとおり一部は構造物、一部は設備で、つまり道路とトラックである。最底辺の一〇億人の国々では、設備は国内で製造せず輸入するのだが、それでも価格は一貫して国際的な水準を上回っている。そのせいで、投資支出の価値はまたもや目減りしてしまう。トニーと私はその原因を調査した結果、問題は市場規模だということがわかった。経済規模が小さいうえに投資比率が低いと、個々の設備の需要は大きくはならない。このため価格交渉力が乏しく、独占企業やカルテルに搾取されやすい。幸い、投資支出が拡大すれば自ずと価格交渉力も備わってくるので、この問題はある程度までは自動修正が効く。さらに市場拡大を促す政策措置をとれば、この自動修正効果を一段と高めることができる。最も直接的な効果が期待できるのは、近隣国と協調して関税障壁を撤廃し、地域規模の市場を創出することである。最近私はシエラレオネで、現地のジャーナリストの取材を受けた。取材が終わった後で今度は私が逆取材したところ、このジャーナリストは起業家でもあって、自分の新聞社を設立したばかりであることがわかった。事業の設立は大変だったが、とりわけ手頃な値段の印刷機械が手に入らないことが難関だったという。割安な中古品を手に入れるために、彼はわざわざナイジェリアまで行かなければならなかった。西アフリカで市場らしきものがあるのは、そこだけだったからである。ナイジェリアに行くためにはビザをとり、外貨も用意しなければならず、おまけに交通の便も悪い。ナイジェリアの一部の銀行がシエラレオネにも支店を出していることだけが、唯一の救いだったそうである。

景気後退期こそチャンス

資源富裕国は、史上最高のブームを経験したばかりである。資源ブームのときは、投資への投資に取り組む機運がまったく高まらない。政府には潤沢に資金が流れ込み、世界の富裕国に悲惨な結末をもたらした「根拠なき熱狂」が最貧国を見舞う。だが資源ブームが終われば、収入は激減し景気は後退する。逆説的に聞こえるかもしれないが、このときこそが、投資に投資する絶好のチャンスである。好況期には無視された有益な知恵が関心を集めるのは、こういうときだ。投資に投資すること自体には、さほどの資金を必要としない。この課題への取り組みは、やがて時が来たときに賢明な投資をするための布石である。賢い投資について学んでおかなかったら、次のブームが来たとき、持続的な高度成長に結びつけることはできないだろう。こうしたわけだから、景気後退期こそ投資に投資する好機であり、次のブームが到来する前にこのチャンスをしっかり活かさなければならない。

第3部　生産工場としての自然

第8章　魚は自然資産か

石油や銅などの鉱物資源は、一度しか使えない本質的に枯渇性の資源である。だが自然は、恒久的に生産を続けられる工場でもある。自然によるこの生産プロセスは言うまでもなく再生産であり、魚であれ木であれパンダであれ、みな再生産能力を備えている（パンダの能力はいささか低いようだが）。再生可能な自然資産は、二重の意味で得難い授かり物である。私たちが作ったわけでもないのに、永遠に再生され収穫できるのだから。

ところが再生可能な資源は、枯渇性資源よりも枯渇する恐れが強い。他の生産プロセスと比べると再生産には特有の脆弱性があり、言うなれば継続的にラインから消費財を送り出すためには、大量の在庫を抱えていなければならないのである。仮に自動車が木と同じように生産されるとしたら、ゼネラル・モーターズは年間生産量の何倍もの在庫を抱え、そこから新車として販売するものを選び出すことになる。だが実際には自動車メーカーは、工場があれば事足りる。そして豊富な在庫に比べたら、工場は略奪の対象としては魅力的ではない。こうしたわけで、再生産物を略奪する誘惑は強い。私たちが再生可能な自然資産の実りを手にできるのは、祖先が略奪をしなかったおかげである。先行世代は資源を使い切って将来世代の権利を奪うようなことはしなかった。では最後のドードー鳥を撃ち殺した男は、そのとき何を考えたのだろうか。たぶん「やったぜ」と思っただけだろう。これが最後だからもう見られない、などとは思いもしまい。きっとその男は、それが最後のドードーとは知らず、気づいたときには手遅れだったのだろう。私たちは本能的に、再生可能な資源を略奪し絶滅させてしまうのは最悪の罪だと知っている。経済学はこの感情に何か意味付けができるだろうか。

まず、すべてが持続可能な単純な経済を考えてみよう。このような世界では、経済の規模は今年も来年も変わらない。これでは最底辺の一〇億人の絶望的な貧困は、翌年になってもすこしも改善されないことになるから、望ましい世界とは言えない。それに、再生不能な資源は徐々に枯渇していくので、そういう世界はあり得ない。ともかくもそのような世界では、自然界は毎年再生産を繰り返し、きっかり同じ価値を維持する。ある年の魚の価値は、翌年も変わらない。自然資産の価値が一定だとしたら、それが生むリターンは物理的な再生産率に等しくなる。木であれば一年間で伸びた長さ、魚であれば生んだ子供の数である。

これに対して成長し変化する世界では、再生可能な資源は他のものに比べてかなり増えることがある。たとえば一九世紀のオーストラリアでは、イングランドから持ち込まれたウサギがものすごい勢いで繁殖し、自然資産から疫病神に転落した。ウサギの価値はゼロ以下に下がったのである。対照的に二一世紀には魚介類が贅沢品に格上げされ、資源量を一定水準に維持するようなペースで捕獲しても、価値は一段と高まる見通しだ。一定数のロブスターを増えた人口で分け合わなければならないからである。このように変化する世界、すなわち私たちが実際に暮らしている世界では、再生可能な自然資産の価格は変動する。

ホテリング・ルールによれば、再生不能な自然資産は、価格（正確には価格の一部を構成するレント）が長期利子率と同じ率で上昇するように使うのが、社会にとって最も効率がよい。それより早いペースで上昇するときは、採掘せずに寝かしておく方が、他の投資を上回るリターンを期待できる。一方、再生可能な自然資産の場合には、トータルリターンが長期利子率に等しくなるようなペースで使うとき、社会にとって最も効率がよい。再生可能な自然資産のトータルリターンは、再生産率と価格変動の二つの要素から構成される。ややこしく聞こえるかもしれないが、再生可能な自然資産の責任ある活用とはどういうものか、その基準となる概念なので、どうか我慢して読んでほしい。

このルールを適用すれば、杓子定規な持続可能性、すなわち再生可能な自然資産のストックの完全な維持は、けっして賢明な目標ではないことがはっきりする。自然界をこれまでと寸分変わらぬ形で維持することには、必ずしも経済的なメリットはない。たとえば中世イギリスでは、長弓に使うイチイの木がなくなってしまうと統治者が心配し、すべての村で教会の中庭にイチイの木を植えさせた。イチイの木はいまも魅力的だが、もう必要とはされていない。技術が進歩したおかげで、人類はもっと効果的な武器を持つようになったからだ。とは言え再生可能な資産のストックの維持には、なにがしかの倫理的な意義はある。将来世代に埋め合わせしなくてよい「責任ある活用」がどの程度か明確でないので、とりあえずストックを維持しておけば、確実なよりどころになるからだ。自然資産は私たちが利用してよいものではあるが、「私たち」の中には将来世代も含まれている。自然資産は人手ではないのだから、現世代にはカストディアン（管理者）として利用する権利しかないのであり、枯渇性資源と同じく将来世代にも権利がある。

再生不能な自然資産の場合、カストディアンの責任として、消費したのと同等の資産を将来世代に残す義務があることを思い出してほしい。では再生可能な自然資産の場合は、どうだろうか。倫理的な責任のちがいは、再生可能資産は毎年自動的に生産されるので、その分は消費してよいことである。先祖の代もそうしていた。自然資産の収穫は持続可能であり、将来世代も同じように消費できるから、私たちは消費した分を埋め合わせる必要はない。それは私たちの取り分である。だが、だからと言ってこのペースで収穫するのは、必ずしも賢明ではないかもしれない。仮に資源量を一定に保てるような消費ペースを守ることにして、毎年の漁獲量を同じにしたら、価格は高騰するだろう。したがって魚資源の拡大に投資すれば、他の投資より大幅に高いリターンが見込めるはずだ。私たちは、社会として魚を増やす義務を将来世代に対して負っているわけではないし、政府にも、増やした魚のストックを社会の資産として将来の政府に引き継ぐことは求められていない。これは、民間にとってよい投資となりそうである。将来世代に対する財産権が保障されているなら、きっと読者自身も、加入している年金ファンドにこの有望な投資をしてほしいと思うことだろう。将来世代には、私たちと同じだけのロブスターをただで味わう権利はある。しかしそれ以上の量をこちらの犠牲の下で希望するなら、資源量を増やすために海に残すロブスターすべてについて、将来世代の方から埋め合わせをしなければならない。このように、魚資源を持続可能に維持するだけでは最適戦略とは言えない。現世代には物理的に持続可能な収穫を食べる権利があるにしても、その一部は食べずに繁殖させ、将来世代に高値で売る方が賢い選択となる。

思考実験

ロブスターの問題は、さほど悩ましくない(読者が「ロブスター解放同盟」のメンバーなら話は別だが)。ロブスターはそもそも高級食材だし、私たちが我慢して食べずにおけば金持ちでグルメの将来世代が気前よく払ってくれるというなら、持続可能な収穫の一部は彼らのために残しておいても一向にかまわない。

では今度は、心情的にもっとむずかしい問題を取り上げよう――森林である。現世代が世界の森を維持しなければならないとしたら、それは倫理的に厳しすぎる要求だろうか。もちろん今では私たちは、森林が炭素を吸収してくれることを知っている。だがその問題は次章で考えることにしたいので、読者には時計の針を二、三〇年前に戻し、地球温暖化が問題になる前の森林管理の倫理的責任について考えてほしい。その場合、あらゆる森林は保存すべきだろうか。先祖の代がそう考えていなかったことは明白である。先人たちは森林で覆われていた土地を開墾し、都市を建設し、あるいは農地にした。私たちがいま住んでいる都会も、耕している畑も、かつては森に覆われていたのである。倫理的には、再生可能な資源の消費にも再生不能な資源と同じ条件が課される。すなわちカストディアンの責任として、将来世代に「まことに結構。あなた方は他の資産で十分に埋め合わせしてくれました」と言ってもらえるようにしなければならない。もっとも正確を期すなら、あちらがどう言うか、こちらにはわからない。審判が下される頃には、私たちはもう死んでいる。そこで、倫理の問題を考えるときに哲学者が使う標準的な方法に頼ることにしよう。それは、思考実験と呼ばれる方法である。

この場合の思考実験は単純明快で、将来世代の立場に立って考えればよい。将来世代は、私たちのどんな行動を倫理的にまっとうなものと受け止めるだろうか。現世代が森林の枯渇を倫理的に正当化するには、二つの条件が同時に満たされなければならない。一つは、森林の伐採によって他の投資機会が生じ、そちらから得られるリターンが森林のトータルリターンを上回ることである。再生可能な資源のトータルリターンを構成する要素の一つは価格上昇であるから、木の価値が次第に高まるのであれば、森林をいま伐採するかどうかを決めるにあたってその点も考慮しなければならない。もう一つの条件は、先ほどの「他の投資」を社会の資産としてすべて将来世代に残すことである。

最後の木を切り倒してしまったら、あるいは最後の魚を食べてしまったら、将来世代は世襲財産を奪ったとして私たちを指弾するだろうか。仮に未来にテレポートして実際に将来世代の立場に立ったとしても、よりよい倫理規範が導き出せるとは限らない。というのも彼らには事情がよくわかっていないので、判断が歪むことがあり得るからだ。私たちが最後の魚を食べてしまっても、孫や曾孫たちは肩をすくめ、「別にいいですよ、たぶん魚はそんなに好きじゃなかったと思うから」などと言うかもしれない。だが私たちにはわかっている。魚を食べたことのない人に、それがないことの意味を理解できるはずがない、と。また逆に、略奪行為に対して厳しすぎる評価が下される場合もある。

たとえば、スーダンとエチオピアに挟まれた国、エリトリアがそうだ。エリトリアの現在の国民は、森林を略奪されたとして過去の世代を恨んでいる。とりわけ怨嗟の的になっているのはエチオピアで、両国が一つの国だった数十年の間に森林を根絶やしにしたとされている。エリトリアはエチオピアから独立するとさっそく大規模な植林計画を実施し、五〇〇〇万本もの木を植えたおかげで、現在は森林が再生されつつある。だがじつはエリトリアの歴史はひどく込み入っており、かつては別の国を恨んでいた。エチオピアに併合される前のエリトリアはイタリアの植民地だったため、当時はイタリア人が略奪者だとされていたのである。現代でもそうだが、植民地にとって宗主国のせいにするのは、何かにつけ都合がよい。しかし話はここでは終わらない。エリトリアの植民地関係は複雑ではあるものの、植民地だった期間は比較的短い。イタリアはアフリカ進出に乗り遅れ、唯一残っていたエリトリアをやむなく取ったというのが実情である。そして一九世紀末に国土を調査したイタリア人は、森林がほとんどないことに失望する。イタリア人は自分たちが歓迎されていないことをよくわかっていたが、森林の枯渇は植民地支配の格好の口実になると考えた。森林がないのは住民が略奪したからである、植民地化によってこれら野蛮な住民によい心がけを教え、資源を大切に管理すべきであるとの知識を授けてやろう、というわけである。

こうしてその後数十年にわたり、統治者はこの口実を使って植民地支配を正当化した。ではいったい木はいつからなかったのか、と読者は思われたことだろう。記録の中で最も古いのは、ある修道僧が一六世紀前半に書き残した一種の探検記である。この修道僧はエリトリアのあたりを旅して印象を書き留めていた。その大半が住人に関するものだが、風景の特徴として、木がないと描写している。

となると、森林の略奪というのは完全な作り事なのだろうか。必ずしもそうとは言えない。じつはイタリアとエチオピアの間で、短期間だがイギリスが占領した時期がある。アフリカの小国に関するミカエラ・ロングの著作『あなたのためにしたわけじゃない』によると、イギリスは第二次世界大戦中に北アフリカ進攻作戦の一環として、行きがかり上エリトリアをイタリアから解放した。こうしてイギリスは同国を占領したものの、もともと長期的に治めるつもりはない。なにしろ自らは戦争中で、しかも戦況は悪化しつつある。そうした中、木材を必要としていたイギリス軍が手当り次第に伐採した、というのが真相である。エリトリアの大半は乾燥していて木は育たないが、ところどころ窪地に木が生えており、イギリス軍はそれを略奪した。だがこのときばかりは、イギリス人を非難する声は上がらなかった。何と言ってもイタリアから解放してくれた恩人であるから、誰も責めようとはしなかったのである。

こうしたわけで、将来世代が私たちの行動をどう受け取るかは、行動それ自体の評価だけでなく、どう解釈するのが好都合かにも左右される。要するに、将来世代がどう考えるかに拘泥すべきではない。倫理判断の基準となるべきは、事実を完全に把握している私たちがどう考えるか、である。その意味で、思考実験は未来へのテレポートより信頼できるだけでなく、より妥当だと言える。

魚を捕る権利

本章ではこれまでのところ、魚や木の所有権は個人に帰属するのか、それとも社会なのか、という点には触れてこなかったが、ここで本章のタイトルに立ち帰ることにしよう。魚は自然資産だろうか。自然資産を決定づける特徴は、人工物ではないことである。では魚は人工物だろうか。答はイエスでもあればノーでもある。スーパーマーケットでスモークサーモンを買おうとすると、タイプが二つあることに気づく。天然ものと養殖ものである。養殖ものは乳牛と同じで、人間が技術と資本を投じて育てたのであり、もはや自然であるとは言えない。自然資産と呼べるのは、野生の魚だけである。同じことが木にも当てはまる。あなたがリンゴや桃の木を植えたら、それは自然資産ではなくてあなたの個人の投資資産である。自然資産と呼べるのは、私有地でないところに自然に生えてきた木だけだ。自分の持ち物でない土地にわざわざ木を植えようとする人はあまりいないので、植える行為が所有権に結びつく。私の住まいの近くには、英国社会史で有名になった通りがある。当初、その通りに面している家はすべて個人の持ち家だったが、あとから公営住宅が建設された。すると元からの住人が、貧しい人たちがテリトリーに侵入してきたことに激怒したため、自治体が壁を敷設した。やがてこの壁はベルリンの壁よろしく撤去され、サッチャー首相の民営化政策の下、公営住宅は民間業者に払い下げられる。だが二分されたこの通りの歴史は、いまなおはっきり見て取ることができる。もとから個人所有だった家々の前庭には立派な木が生い茂っているのに対し、借家人が住む家には木はない。所有権のない家や土地には、人は投資する気にはならないものである。

バッファローの運命を覚えているだろうか。バッファローのように個人の所有物ではなく、かつ見つけられやすいと、攻撃されやすい。これに対してつい最近まで、野生の魚は広い海の中で自然の障害物に守られていた。しかも捕獲されればされるほど、数が減って見つけにくくなった。ところが漁獲技術の進歩により、野生魚の持続可能性は一気に低下した。あまりに効率的に捕獲された結果、いまや残されたわずかな野生魚の存続可能性は風前の灯である。魚資源が減少して人間が見つけられない数になる頃には、魚同士も交尾の相手を見つけられないので、再生産が途絶えてしまう。ごく最近まで、アマゾンの野生林も自然に保護されていた。木も土地もわざわざ開発するほどの価値がないので、手つかずで残されていたのである。だがいまはもう、そうではない。政府は民間の農地開墾を認めている。経済学者はこれを「共有プール」の問題すなわち「共有地の悲劇」と捉えている。私有財産権が保障されていない場合、その土地に根付いた社会的慣習によって保護されない限り、あらゆる自然資産は略奪される恐れがある。しかも社会的慣習は、社会の急激な変化の中で廃れてしまうことが多い。再生可能な資産の略奪は、再生不能な資産の略奪よりも一層悲劇的である。再生可能な資産が絶滅すると、連綿と続く世代が未来永劫権利を奪われたことになるからだ。

　となれば、私たちはどうすべきだろうか。私たちは、すでに述べたように、再生可能な資産を社会にとって効率よく管理するための基準を持っている。すなわち自然資産からの収穫は、トータルリターン（再生産率＋価格変動）が他の投資から得られるリターンと等しくなるようにするのが最も効率がよい。同時に私たちは、責任あるカストディアンとしての倫理的なルールも持っており、持続可能な収穫は消費してよい。ただし、消費を手控えて資源のストックを積み増し、将来世代に払ってもらうことは可能である。また逆に、余計に消費し、その分を別の資産で埋め合わせることもできる。さらに私たちは、自然資産を社会として、すなわち将来世代を含めた全員で所有する必要性と、それを略奪から守る必要性とのせめぎ合いに直面している。第2章では、自然資産の所有権は政府に帰属するのが最も妥当だと論じた。地球は国に分かれており、それぞれの国には承認された政府があって、原則的には国民の集団的利益を代表できるからである。自然資産の多くにはこれが当てはまるが、しかしすべてではない。たとえば公海は、どの国にも属していない。したがって魚に対する権利は地球の住人全体に帰属させ、魚を世界の公共財とすべきである。同じように、南北両極地方もどの国にも属していない。このため現在では所有権争いが起きており、北極圏に接しているカナダ、ノルウェー、ロシアなどが、そこに眠る自然資産に所有権を主張している。これは、近接性と関係がある。人間は、近くにいる人により多くの義務や責任を感じるのと同様に、近くにある自然資産により多くの権利があると感じるのである。この問題が顕在化してきたのは、北極圏には九〇〇億バーレルの石油が眠っているとわかったからだった。近接性を理由に権利を主張できるとすれば、公海も最も近い国に権利があり、魚はその国の所有に帰すのだろうか。現時点では、魚の所有権には三つの種類がある。養殖魚は養殖場のもの、領海内の魚はその国のもの、そして領海外の魚は所有権フリーである。つまり魚が自然資産かどうかとは一切無関係に、どこにいるかだけが問題になっている。

領海内の魚に関しては、社会全体のために価値を得るのも、将来世代の権利を守るのも、その国の政府の責任である。どちらの責任を果たすためにも、政府は捕獲の権利を割り当て、取り締まりを行うといった手段により、漁獲量を制限する必要がある。魚を捕るこの貴重な権利（漁獲割当量）の価値は、誰のものだろうか。私の考えでは、ずばり国民のものである。だが実際にはそうなっていない。漁業団体のものになっている。しかし、希少な資源と化した魚を捕る権利を漁師にただで与えるべきだというのは、採掘権を石油会社にただでやるべきだというのと同じである。このようなやり方は、破壊的に作用する。ただとなれば、もっと欲しくなるのが人情である。本来であれば、魚が絶滅すれば漁師は職を失い漁船も無用の長物になるのだから、漁獲量の制限に強い関心を持ってしかるべきである。ところが貴重なものをただでもらえるとなると、もらえるだけもらいたいと思ってしまう。石油会社を対象に採掘権が入札にかけられるように、漁師を対象に漁業権を入札にかけるようにすれば、もっと割当量をよこせという圧力はよほど小さくなるはずだ。ところが実際には、漁業団体は巧みな手腕を発揮しており、政治家は持続不能な捕獲ペースを容認している。いや、それどころではない。漁業団体は懐手で割当量をせしめるだけでなく、巨額の補助金まで受け取っている。

世界の漁獲量は年間八〇〇億ドル程度であるが、補助金の合計は全世界でおよそ三〇〇億ドルに達する。OECDに加盟する富裕国では、補助金は漁船に注ぎ込まれる。つまり漁船が行く先々で行うあらゆる捕獲活動に、補助金を出していることになる。漁船の活動範囲がOECD加盟国の領海内に制限されているなら、OECDの納税者は、自国の将来の略奪に補助金を出すだけにとどまる。だが実際には、漁船団は公海にも出かけていくし、監視が行き届いていないのをいいことに、最底辺の一〇億人が住む国々の領海でも漁をする。シエラレオネの漁業大臣は、問題を次のように説明する。同国政府は領海の監視手段を持ち合わせていないため、補助金で建造された外国の漁船が魚資源を荒らすのを、指をくわえて見ているほかないというのだ。唯一支援してくれたのは中国政府で、監視船を提供してくれた。もっとも皮肉なことに、最初に拿捕されたのは中国漁船だったという。それでも、シエラレオネには漁業省というものが存在するだけましである。ソマリアには政府すら存在しない。無防備な沿岸海域は、大方が補助金を得た外国漁船団による乱獲の餌食となっている。自分たちの生計の手段が奪われるのを目の当たりにして、ソマリアの漁師たちは昔からの教えに従う気になった――海賊になったのである。

このように、明らかにまちがったインセンティブが設定されているのだから当然だが、世界の漁船の数は、持続可能な捕獲にとどめおく水準を四〇パーセントは上回っていると見込まれる。しかも、将来世代の増大する食欲を満たすことを考えれば、持続可能な捕獲量でさえ多すぎることを思い出してほしい。とは言え補助金の撤廃は集団行動の問題になるので、ＯＥＣＤ加盟国はどこも、自国の漁業への補助金を打ち切って他国より不利になるようなことはしたがらない。ＯＥＣＤは数十年にわたって加盟国間の調整を行う難題に取り組んできたが、この問題を担当するのにふさわしい機関はむしろ世界貿易機関（ＷＴＯ）であろう。ＷＴＯなら、拘束力のある補助金抑制の段階的実施に向けて、合意を形成できるはずだ。

貴重な漁業権をただで割り当てるのは、補助金による有害なインセンティブとの相乗作用で事態を一層悪化させるだけでなく、汚職を誘発する恐れもある。たとえばアイスランドでは、漁業権の価値が他の資産よりひどく高い。現在のアイスランドは魚よりも銀行で悪名高く、世界を金融危機に陥れるきっかけを作ったとされているが、じつは魚と銀行にはつながりがある。銀行が融資拡大の抵当にとっていたのは、漁業権だったのである。本来アイスランド国民のものである自然資産が政治的駆け引きにより不当に分配されたうえ、その自然資産を担保に銀行が無節操な貸し出しを行ったため、国民は負債まで抱え込むことになった。

なぜ漁獲量はただで割り当てられるのだろうか。一つの理由は、かつては魚を捕る権利が貴重ではなかったからである。原始的な技術に頼っていた頃、海にはたくさんの魚がいた。当時は、捕るのが危険だったから魚に価値があったのである。この点で、漁業は石炭採掘に似ていた。石炭の埋蔵量は豊富だが、掘り出すのは困難である。このため石炭の価値の大半は、採掘権の値段ではなく採掘事業の労苦によって決まっていた。石炭はいまだにそうだが、漁業はちがう。技術の進歩によって漁業のコストはすでに下がっており、未来の技術は一段と捕獲の効率を高めると予想される。この先も魚に所有権が設定されないままなら、魚資源は略奪され絶滅してしまうだろう。

この略奪の成り行きはゴールドラッシュと似ており、非効率なところまでそっくりである。新技術を搭載した漁船が他の船を出し抜いてどしどし魚を捕り、大もうけをすると、次々に同様の漁船が建造される。だが、すでに荒らされた漁場に多くの船が繰り出せば、一隻あたりの漁獲量は減り続け、しまいには大もうけはできなくなる。こうして、ひどく効率の悪い均衡が出現する。獲物が少なすぎるので、漁船の生産性は本来の水準をはるかに下回るからだ。技術の進歩によって、魚は石炭よりも石油に似てきたわけである。資源の価値が取得コストを上回れば、採掘権なり漁獲権なりの価値は高まる。経済用語で言えば、捕獲技術の進歩は魚に希少性レントを発生させたことになる。だがレントには所有権がないので、レントシーキングに伴うコストによってレントは雲散霧消してしまった。あまりにも多くの船が世界の漁場に群がっていた――ちょうど何千人ものシエラレオネの若者がダイヤモンド探しに群がるように。

だが金やダイヤモンドとは異なり、魚は再生可能な資源である。乱獲すれば資源量は再生産可能な水準を下回り、将来世代からの略奪は、再生不能な資源よりはるかに重大なものとなる。魚が稀少化しているにもかかわらず、漁師たちが大金持ちになった様子はないし、漁業はいまだに辛くて不確実性の高い職業である。だが漁獲割当が導入されるなら、大量の漁船が希少な魚を追いかけ回し、レントが消失するようなことはなくなるだろう。割当を受けた漁船は貴重な魚をローコストで捕れるようになり、自然資産の価値はレントの価値に等しくなる。漁師たちは、魚を捕る権利は昔からずっと自分たちのもので、漁獲割当は当然自分たちのものだと考えていることだろう。だが漁師だけが魚を捕る権利を持っていたのは、魚に自然資産としての価値がほとんどなかったときである。このときは、魚を捕る苦労が価値を生んでいた。その価値を得る権利はいまも漁師たちのものであり、漁業の労苦に対する妥当な見返りは手にすることができる。だが彼らには、将来世代から無条件に略奪する権利はないし、漁獲制限によって生じる希少性レントを手中にする権利もない。

領海内の再生可能な自然資産でまだ割り当てが行われていないものについては、政府が権利を管理すべきである。魚であれば、漁業従事者を対象に入札を実施すべきだ。地元の漁師が権利を買いたかったら、競争価格をつけなければならない。そうでないと、漁師以外の国民は略奪されたことになる。

政府は割り当てが守られているかどうか監視しなければならないが、そのコストは、地元の協力を得ると抑えられることが多い。そのような場合には、レントの少なくとも一部は地元に還元すべきだろう。野生林の場合などは、とくにそれが言える。レントをすべて政府が取り上げようとすると、住人は不法な伐採や密猟などに走りかねない。

そうした事態を防ぐため、地元民を立ち退かせて自然保護区や野生公園を作るといった対策を講じている国もある。アメリカの国立公園はこのやり方で作られており、おおむねうまくいっている。しかしこれは、大勢が住み着く前にこうした政策が導入されたからで、タンザニアなど古くから人々が住んでいる国では事情がちがってくる。それに、地元住民を完全に排除するのは、環境面でも効果的でないことがわかってきた。公園から立ち退かされた人々は、近隣の地域を開拓し始める。すると、公園地区では自然資産からの収穫はゼロまで落ち込む一方で、近隣地域の収穫は急激に増える。ほとんどの生態系では、収穫が増えるペースを上回ってダメージが深刻化するので、一部を完全に保護して一部を略奪に任せるよりは、広い地域で均等にほどよく収穫する方が、生態系にとっては好ましい。地元民を完全に排除するのは、持続可能性を杓子定規に解釈した官僚的なアプローチであり、経済的に妥当とは言えない。地元の人々に居住区の開拓を認め、自然資産から価値を得る権利を割り当てる方が賢明である。そうした権利が地元に根付くほど、自然資産は「自分たちのもの」という意識が強まり、持続可能性の問題は解決に近づくだろう。自分の森だったら、自分の養魚場と同じく、持続可能に維持しようというインセンティブが働くと期待できる。自然資産に財産権を認めることに対しては、現在および将来の国民から権利を略奪するものだとの反論がある。だが、再生可能な自然資産に対して国の権利を行使するコストが資産そのものの価値を上回るケースでは、無料で私有財産化する方が、保護せず放置するよりはるかにましではないか。私有財産化は国民から自然資産を盗んだように見えるかもしれないが、実際には略奪による絶滅から守っているのである。

ささやかな提案

あらゆる魚の中で最も脆弱な自然資産は、公海を泳いでいる魚である。公海上の魚は、かつてのバッファローと同じように、国際的な保護が行き届いていない。幸いにも多くの魚は沿岸海域を好み、一二海里の領海内で生息している。公海は言ってみれば砂漠のようなもので、そこで捕獲される魚は全体の一五パーセント程度に過ぎない。金額にすると一二〇億ドルほどである。漁船の数が、現在の過剰な水準から効率よく操業できる水準まで減少すれば、公海上の漁業のレントは一〇―五〇パーセント、金額にして一二億―六〇億ドルとなるだろう。このレントは、現在は過剰な漁船建造で雲散霧消しているが、これは社会に帰すべきものである。

そのための方法として一つ考えられるのは、領海を拡大し、あらゆる海が一滴残らずどこかの国に帰属するようにすることである。しかし、公海の漁業から得られるレントがさほど大きくないのに対し、国家の権利をそのように大幅に拡大するのは、とてつもない代償を伴うだろう。海が国のものになれば、当然ながら海底もその国の所有に帰すため、技術が進歩すれば、すぐにも海底資源の開発が始まるにちがいない。すでに石油と金は深海からも採取されている。そう考えると領海の拡大は、地理的近接性重視の行き過ぎと言わざるを得ない。そもそも近接性を盾にとる主張には、十分な説得力があるとは言えない。政治上の地理区分には連続性がなく、国境は断層を形成している。国境の内側では国民は平等に権利を認められ、また税による所得再配分を背景に国民が相互に強力な請求権を持つ一方で、国境を越えた瞬間に、その権利は大幅に弱まる。それに、海を近接性の原則に従って切り分けるとなれば、クウェートのような国が出現しかねない。それは、大海にぽっかりと浮かぶ小さな島国である。その島国は巨大な面積の所有権を宣言し、それに伴い魚や鉱物資源などの自然資産にも権利を主張するだろう。近接性の原則を海に当てはめた場合、内陸国に住む世界で最も貧しい人々は、自動的に除外されてしまうことになる。しかし自然資産に対する財産権はすべて、人工的な概念である。ここでもう一度言っておかなければならない。自然資産は作られたものではないのだから、本来的な所有者というものは存在しないのである。

もっとよい方法は、公海の自然資産を国連に帰属させることだと考えられる。国連は国際機関として理想的とは言えないものの、当面はこれにまさる機関は見つかりそうもない。野生の魚を保護するには、漁獲量に制限を設け、それを守らせなければならない。とにかく誰かが上限を設定しなければならず、その際にはカストディアンとしての責任と資源拡大への投資をうまくバランスしなければならない。上限が厳しいほど、漁業権の価値は高まる。この権利をただで分け与えるなら、当事国はロビー活動を繰り広げ、できるだけ多くの割り当てを得ようと躍起になるだろう。現在は、経済学の用語で言えば外生的要因が多すぎ、社会全体にとっての利益と、決定権を握る国の利害とが一致していない。こうした外部性を内部化し、社会の利益に一致するインセンティブを設けるためには、上限を決める機関が権利の対価を得るようにすべきである。養魚場では、自動的にそうなっている。養魚場の経営者は、長期的利益を最大化する量だけを売りに出す。すると市場が、経営者の利益と消費者の利益をみごとに一致させてくれる。こうして生産者は、消費者がほしがるものを供給して利益を得る。

公海での漁業権を国連に割り当てるなら、公海は実質的に巨大な養魚場となるだろう。国連にとって最低限の仕事は、科学的に決められた持続可能な水準、すなわち資源量を一定に維持しうる水準に捕獲量を制限することである。だが世界の生活水準が上昇し、かつ人口が増えれば、魚は値上がりするはずだ。となれば、魚の資源量を増やすことはよい投資となる。したがって国連は、科学者の助言を得て漁獲量を物理的に持続可能な水準に設定するだけでなく、経済学者の力も借りる必要があるだろう。経済学者なら、資源量を増やすために当初の漁獲量をどの程度抑えればよいか、アドバイスできる。国連は、漁業権を担保に資金を借り入れることもできるだろう。すくなくともアイスランドの銀行よりは、立派な目的がある。

国連は魚資源の所有者として年間漁獲量を制限し、その分の漁業権を入札にかけることにより、社会にとっての長期的な価値を最大化するという適切なインセンティブを持つ。ここでむずかしいのは、漁獲制限を遵守させることだと想像される。監視するためには漁の現場に赴かなければならないが、大海原を監視するのは、たとえ衛星を利用するにしても、難事業である。それよりも、水揚げする地点、より正確には値付けが行われる卸売市場で監視する方が容易だろう。事実上すべての魚は、消費者の元に届けられる前に必ずここを通過するからだ。国連は、後日卸売市場で魚を売る事業者を対象に、漁業権の入札を行う。そして消費税と同じように、漁獲割当証明が添付されない限り、卸売取引はできないようにする。この権利は世界中どこの市場でも通用する。この制度は事実上、国際的な税金として機能すると考えられる。魚を買った消費者は、自分が国連に払っていることを知っている。誰しも税金は払いたくないから、なぜこのような税金が必要なのかを知りたいし、そのお金で国連が何をしているのかを知りたい。これは、健全な仕組みとして機能するだろう。国連は納税者からの監視を受けながら制度を維持しなければならない。

このような提案をすると猛烈に反対するのは、言うまでもなく漁業団体である。反対の理由は、つまるところ、自然資産から得られるレントを独り占めにしたい、ということだ。だが、自然の希少性によって生じるレントになぜ漁師が権利を持つのか。魚が豊富にいて漁獲量が持続可能な水準を大幅に下回っていた時代には、市場に持ち込まれる魚の価値を決めるのは漁に伴う労苦であり、漁業にはレントは存在していなかった。だが魚が希少になり、ある意味で捕るのがむずかしくなったとき、魚の価値は捕る技術や労苦よりも、捕る権利の取得によって決まるようになっている。

本来許可しうる数以上の漁師が捕りたがっているのだから、政治的な利益供与により彼らに権利を献上すべき根拠は何もない。レントの価値は私たちすべてに帰属すべきものである。

だが「私たち」とは誰だろうか。公海はどの国のものでもなく、世界の人類のものである。そして再生可能な自然資産である魚は、現世代だけでなく将来世代のものでもある。したがって持続可能なペースを上回って捕獲したら、それと同等の価値があると将来世代が認めてくれるような資産で埋め合わせない限り、略奪のそしりを免れない。国連はいろいろと欠陥はあるものの、考えうる他のどの主体よりも、レントを受け取るにふさわしい。と言うのも国連は、世界食糧計画（ＷＦＰ）のような公共財を世界に提供しているからである。こうした公共財にはフリーライドの問題がつきものなので、誰も資金を投じたがらない。全世界で魚に税金をかけ飢餓の緊急支援に充てることを提案したら、実現性に乏しいと思われるかもしれない。しかしこの方法なら、世界が必要とする二つの重要なニーズを結びつけることができる。世界食糧計画は、当てにできる資金源が確保されるので、緊急のニーズに対応しやすくなる。水産業には資源の未来が保証される。そして消費者は、自分たちは略奪行為の成果を食べているのではないと安心できる。この案は、おそらく魚にとってもよいことだろう。

第9章　自然の負債

工場は、人々がほしがるモノを作る。そのときに、煙も吐き出す。煙を吐き出す工場は、外部性という概念をわかりやすく示すために経済学者がよく用いる古典的なイメージである。工場は、煙の排出は勘定に入れずに作ったものを売る。いまでは私たちは、煙は昔考えられていたより害が多いことを知っている。二酸化炭素は自然の中に存在するごくありふれた物質であり、生活と切っても切り離せないものだが、次第に自然の負債と呼ばざるを得ない状況になってきた。大気中に蓄積され、熱を封じ込めてしまうためである。もちろん二酸化炭素が負債となるのは上限値を上回った場合だけだが、人類はその上限を超えてしまった。

こうして排出された炭素が熱を封じ込めるにつれて地球の温度は上がり、温度が上がるにつれて、気候の変動が大きくなっている。その影響は広範な範囲におよぶが、最も深刻な痛手を被るのはアフリカだと予想される。アフリカは巨大な大陸だから、気候変動の影響は一様ではない。だがおそらくは乾燥した地域はより乾燥し、主な作物は収穫できなくなるだろう。気候変動が顕著になれば、旱魃、洪水、暑熱は一段とひどくなり、伝統的な農業に大打撃を与える。アフリカ経済の中心である農業は、生産性が一層低下するだろう。そして人口が急増する中、人々はますます手に負えなくなる自然環境からわずかな糧を得てしのがなければならない。

炭素の問題は、本書の重要なテーマを集約するものと言える。炭素は自然の生成物であるが、過剰になれば負債となることからもわかるように、自然は本質的に親切な存在ではない。炭素は産業から排出される一方で、自然の数々の営みからも生成される。たとえば、人間の経済活動の中で最も自然と親しいものと言えば、おそらく牧畜であろう。牛飼いや羊飼いたちは千年の昔から自然の中で暮らしてきた。だが残念ながら地球温暖化にとっては、彼らの方が原子力発電よりも脅威となる。というのも原子力発電は炭素を排出せずにエネルギーを生み出すのに対し、牛はゲップをするからだ。

再生可能である点で、炭素は経済学的に見て魚や木との共通点が多い。ただし再生可能な自然資産ではなく、再生可能な自然負債である点がちがう。炭素がもたらす損害は、今日どれだけ排出したかではなく、過去数十年間にどれだけ排出量が積み上がったかによって決まる。炭素は大気中に滞留するため、フローとしてだけでなく、ストックとして考えなければならない。炭素は、つまりは自然における借金のようなものである。過剰な炭素が大気中に蓄積されていくのは、銀行からの借り入れが膨らんでいくのと変わらない。借金とはマイナスの資産であると考えれば、これまで自然資産の枯渇について述べてきたことは、すべて自然負債の蓄積にも当てはまる。資産の枯渇は借金の蓄積に等しい。この自然の負債は将来世代が返済しなければならないのだから、現世代は借金を重ねるかどうかを決めるときに、将来世代に十分な配慮をする責任がある。

自然負債は、本来的な所有者がいない点も、自然資産と共通している。この借金はこの人に返済義務があるという具合に明確に特定することができない。ただし所有者がいない点は共通でも、自然資産の場合は大勢の人が所有権を主張したがるのに対し、自然負債の場合は誰も所有権を主張しない点が決定的に異なる。たとえばイヌイットは、カヤックの下に眠る原油には所有権を主張しても、頭上の炭素に所有権を主張しようとはしない。

自然資産の場合、所有者不在は略奪につながった。自然負債の場合、所有者不在はちがう形の略奪を生む。個々の主体の利益が増える限りにおいて負債は増え続けるのである。だが、利益の合計の方が社会の損失より大きいと考えるべき理由は何もない。

自然資産というものは、その管理に本来的に社会の協力を必要とする。だが所有権が設定されていない場合、市場はそうした協力を提供することができない。政府は国民を代表して自然資産を所有するのだから、市場に提供できない社会的協力を実現するうえで圧倒的に重要な役割を担っている。だが炭素という自然負債は、国の問題ではなくグローバルな問題であり、この点できわめて特殊である。ある国が自国内で発生した炭素について責任を引き受けても、他国もすべてそうしない限り、まったく意味をなさない。いま必要なのは、グローバルな協力なのである。

罪の報いとご都合主義的な倫理観

炭素を巡る議論でもっぱら取り上げられるのは、「キャップ・アンド・トレード」のグローバル取引というアイデアである。地球の安全限界いっぱいまで炭素を排出する権利を国や企業や国民に割り当て、この権利を取引できるようにするというのである。割当量以上に排出したい主体は、他の主体から権利を買ってよいという。

この議論はこじつけの倫理観や自分たちに都合のいい理屈が満載で、その両方がコペンハーゲンで披瀝された。倫理観の方は、罪を不作為の罪と遂行の罪に分けた中世神学論を思わせる奇妙なものである。聖書にははっきりと「罪の報いは死なり」と書かれているのだが、中世の教会は罪の報いに値段をつけられると解釈し、罪の許しを販売した。いわゆる免罪符である。歴代の教皇は、ローマにサンピエトロ大聖堂を建立する資金集めの手段として、これを使った。この倫理的な枠組みを今日の環境問題に置き直すと、罪とは排出の罪ということになる。罪の報いは地球温暖化である。つまり私たちは、地獄の業火で焼かれる代わりに、地球上で蒸し焼きにされるらしい。そして免罪符の現代版が排出権というわけである。金持ちは、カーボン・オフセットに金を払える間は、排出の罪を犯し続けることができる。そして政府は、中世の教皇とまさに同じ理由から、排出権取引に魅力を感じているようだ。資金不足に喘ぐ政府は、排出権を売れば大金を獲得できるからである。中世の教皇がサンピエトロ大聖堂の建設費を集めたように、オバマ大統領は財政赤字の埋め合わせができる。

都合のいい理屈の方は、この権利を手に入れようと画策するロビー団体がひねり出したものである。経済理論はレントシーキングについて、ロビー活動に注ぎ込まれるリソースは、それによって得られる権利の価値に等しくなるまで増えると警告している。そして排出権の潜在価値は膨大である。標準的な推定では炭素一トンを排出する権利は四〇ドル前後、排出量の上限はおよそ一八〇億トンと見込まれ、排出権の潜在価値は年間七二〇〇億ドルに達する計算だ。あの不良資産救済プログラム（TA

RP、七〇〇〇億ドル）に匹敵する額であり、有害資産救済プログラムと命名するにふさわしい。

自然資産にも自然負債にも本来的な持ち主はいないので、もっともらしい理屈をつければ誰でも排出権争いに参加できる。たとえばある国は、上限（キャップ）が定められたときに排出していた量は、その後も排出する権利があると主張するだろう。あるいは、他国と同じだけは排出する権利があると主張するかもしれない。あるいは、貧しいから排出する権利があるとか、問題を引き起こすような炭素は排出していないから大丈夫だと言い出すかもしれない。

排出権を巡るレントシーキングは、国内でも国際的にも起こりうる。国のレベルでは、アメリカ議会にすでに兆候が見受けられる。排出権の割り当ては大々的なレントシーキングを引き起こしかねず、そうなったときには、農業団体のロビー活動などひどくささやかなものに映ることだろう。そして国際的なレベルでは、駆け引きや詐欺まがいの行為は一段と大がかりになるはずだ。なにしろ炭素を排出し続けたい企業は、自社の過剰排出分について、〇〇国のXX会社がその分だけ排出量を削減したと証明する紙切れを買えばよいのである。その紙切れが正しいかどうかはどうでもよろしい。クリーン開発メカニズム（CDM）によれば、排出削減に取り組みさえすれば、実際に排出量を減らす必要すらない。何も対策をしなかった場合より排出量が少なければよく、その取り組みをしなかったら大量の炭素を排出していたはずだと証明すればよいのである。CDMは全体の枠組みとは無関係に運用されているため、ある国の排出量合計が実際には際限なく増えていても、どこかで何かの排出量を削減できさえすれば、その分をいくらでも自国の割当量に充当することができる。CDMを介した免罪符の販売は、排出量を減らさなくてもよい誘因を作り出すだけでなく、できるだけ増やしてやろうという気にさせかねない。

実際のところCDMは、貴重な漁業権を漁師にただで進呈するのとまったく同じ欠陥を抱えている。すでに述べたとおり、魚が豊富だった頃には漁師は好きなだけ捕ることができ、魚の値段に反映されるのは漁のコストだけだった。だが持続可能な収穫量の限度に達したとき、魚の価値は上昇した。魚は希少性レントを持つ貴重な自然資産となったからである。漁師には自然資産となった魚の希少性レントを自動的に得る権利はない、と私は論じたが、同じことが火力発電所の排出する炭素についても言える。世界の炭素排出量が安全水準を下回っていた頃には、炭素排出には何のコストも伴わず、したがって誰でも自由に火力発電所を運転してよかった。だがあちこちで発電所が建設されるようになると、炭素の排出にコストが発生するようになる。既存の発電所は、コストを伴わない時代から操業しているという理由で、このコストを誰かに押し付ける権利を持つわけではない。炭素が社会的コストとなった以上、これまでは結果を引き受けずに排出してきた火力発電所も、コストを引き受けるべきである。同じく新設される発電所も、昔はどの発電所もただで炭素を排出していたという理由で、排出する権利を主張することはできない。もし私が、いますぐ排出するぞと脅しをかけ、排出しないことと引き換えに政府からなにがしかの補償をもらえるとしたら、世界中で補償の要求がとめどなく増えることになるだろう。

炭素排出の問題は、こじつけの倫理観やご都合主義の理屈で混乱を来しており、コスト負担を何としても避けようとする試みと、できるだけ多くの権利を勝ちとろうとする欲望が議論を支配している。その結果、根本的な問題、すなわち自然負債をどう管理すべきかという問題に十分な注意が払われていない。誰が誰に何をしたとか、これまでに蓄積された炭素は誰の責任かとか、誰が誰に補償金を払うべきか、といった議論はもうやめよう。炭素が負債だとわかったいま、それは何を意味するのかということにこそ、私たちは注意を集中すべきである。

炭素を負債とみなすことは、炭素を発生させる事業は何らかの有害物質を生むと認めることを意味する。だがその事業は有益なものも生み出すし、その有益なものの価値は、だいたいは炭素がもたらすダメージよりはるかに大きい。しかし「だいたい」であって、つねにそうだというわけではない。たとえば、石炭の採掘を考えてみよう。燃料の中では、石炭は燃料としての価値に比して採掘コストがきわめて高い。そのため先進国の多くで、産炭地域は問題を抱えている。石炭採掘事業はコスト高で十分な利益が出ないため、他の産業並みの賃金を払うことができない。石炭自体の価格が安いうえに、炭素を排出する。ただし石炭の種類によって排出量は異なり、いくらかましなタイプもある。地球温暖化の問題が浮上する前は、人件費の安い国にとって石炭は掘る価値のある資源だった。だが石炭を燃やせば熱だけでなく炭素も出ることがわかっているいまでは、社会にとって価値のないものになってしまった。石炭は、採掘するよりも地中に眠らせておく方がよいのである。新たな石炭燃焼技術が開発された暁には、この状況は変わるかもしれない。だがそうした技術は、おそらくそれ自体コストが嵩むと予想される。

低炭素社会の姿

世界は、安全水準を超える炭素をもう排出しない方向にすすまなければならない。その世界は、どのような姿になるのだろうか。経済学は、少なくとも効率的な世界経済を運営する原則に関しては、いくつか役に立つアイデアを示している。「効率」という概念は、その反対語である「非効率」を考えると、理解しやすいだろう。たとえば、さして価値のないものを生産する経済活動に炭素の排出が認められ、価値の高いものを生産する活動に炭素排出が認められないとしたら、それは非効率である。あるいは、化学工場といったものが、生産効率は劣るが炭素規制のゆるい国に移転するとしたら、それも非効率である。効率のことをやかましく言うのは、地球温暖化を食い止めなければならないからだ。この問題に取り組むのはコストがかかるが、放っておけばもっとコストがかかる。効率よく取り組むことが大切であり、非効率な対応は無用のコストを膨らませ、途方もなく高いものにつきかねない。

価格は、経済学における偉大な概念である。価格は価値を物語る。ほとんどの品物の場合、市場価格は実質的にそのものの社会的価値と同じであり、その品物を生産するコストと、消費者がその品物に認める価値の両方に近づく。経済学者が市場を礼賛するのは、ほとんどの品物から最大限の社会的価値を引き出すことのできるきわめてすぐれたメカニズムだからである。だがその一方で、経済学者も気づいているとおり、一部の品物は、市場が価格付けのできないような社会的費用（または社会的便益）を生む。現時点で、炭素はそうした品物の一つである。炭素はただで排出することができるが、それは他の人にコストを発生させることになる。経済学では価格の概念を拡張し、社会的価値が市場価格から乖離した場合には、真のコストを反映した概念上の価格すなわち「影の価格（シャドープライス）」を想定できるとしている。炭素は社会にとって有害だとわかっているので、価格はマイナスになるはずだ。つまり炭素を発生させる側が価格を支払わなければならない。

このことから、有益なヒントが導かれる。炭素のシャドープライスがどの国でもまったく同じ水準に設定された場合には、そしてその場合にだけ、世界は炭素排出の問題に効率的に対応できるだろう、ということである。ここで、さきほど述べた一トン当たり四〇ドルという数字が重要な意味を持ってくる。経済学者の試算によれば、炭素のシャドープライスが一トン当たり約四〇ドルであれば、安全水準を超えた炭素の排出は止むという。炭素はどれだけ排出しても安全なのか、排出に値段がつけられたときに人々がどう対応するかはまったくわかっていないので、この試算にはかなりの誤差があると考えられる。しかしとりあえずいまは、この数字で話をすすめることにしよう。

世界中の誰もが、炭素一トンを排出するのに四〇ドル払わなければならなくなったとき、世界はどのような姿になるのだろうか。経済活動の多くは、生産するものの価値に比して炭素排出量はきわめて少ないので、さしたる影響を受けないだろう。たとえば現代の経済を支えるサービス業の大半は、コスト負担の影響をほとんど被らないはずだ。軽工業についても同じことが言えるだろう。こうした産業では、もともと生産高に比して消費するエネルギーが少ない。

だが重工業、農業、エネルギー産業は、そうはいかない。ある種の重工業は大量の炭素を排出するから、新たな技術を導入しない限り、コストが急激に膨らむはずだ。コストが価格に転嫁されれば消費者は消費のパターンを変え、その製品を使わずに済まそうとする。また農業は、「自然」に見えるかもしれないが、実際には炭素集約型の経済活動である。牛のゲップだけでなく、耕地を開拓しようと切り株を燃やせば炭素が発生する。土地を耕しても炭素が放出される。したがって農業は、炭素排出コストに対応する必要がある。

だが最も炭素排出量が多いのは、言うまでもなくエネルギー産業である。ただし、エネルギーによって排出量は大きく異なる。炭素排出に関していちばんの劣等生は、石炭だ。石炭のシャドープライスは、市場価格から炭素排出コストを差し引けば求められる。すると多くの場合はゼロ以下であり、炭坑は閉鎖すべきだということになる。石炭の採掘がいまも拡大されているのは、他人を犠牲にした利益追求という点で、アフリカにおける自然資産の略奪と似ている。石炭を掘るのは辛い仕事である。私のファミリーネームがコリアーなのは、祖先が炭坑夫だったことを暗示している。かつて勇敢に石炭採掘の危険を冒した者が、いつの間にか社会の略奪者に貶められるとは、自然の残酷な仕打ちと言わねばなるまい。だがこれが、現実なのである。世界は炭素排出量を削減しなければならない。そして石炭は、地球上で最も炭素排出量が多い。

エネルギー産業で石炭の対極に位置づけられるのが、原子力である。こちらはまったく炭素を排出しない。原子力を巡っては、夢想的な環境保護主義者と現実的な環境保護主義者の意見は真っ向から対立している。夢想家タイプは、ともすると地球温暖化をいじわるく喜ぶ。温暖化は、資本主義工業化社会に天罰が下ったとみなせるからだ。ところがそこへ、彼らの忌み嫌う産業資本主義の申し子と言うべき原子力が救世主になるという。先端技術と巨大な規模を誇る原子力発電ほど、「自然と共に生きる」という理念から遠い存在がほかにあるだろうか。夢みる環境保護主義者が好むのは、風力や潮力や太陽光である。これらは普通の人にも理解できるのに対し、原子力は一握りの専門家にしか理解できない。だが残念ながらまだ風も波も太陽も、原子力に匹敵する規模での発電はできない。いまのところ、先進国の中で最も高い炭素効率を実現しているのはフランスである。同国は一九七四年の石油ショック後にエネルギー安全保障の実現を決意し、原子力への投資に力を入れてきた。フランスにそれができたのは、他国では政治的左派が原子力エネルギーに敵対的であるのに対して、同国は国家主義的な傾向があり、輸入原油に頼りたくないという主張が支持されたためである。風力や波力や太陽光も、十分な研究投資が行われるなら、いつかは大規模発電ができるようになるだろう。だが現時点では、環境運動の開祖の一人ではあるが現実派のスチュワート・ブランドなども、地球温暖化を食い止めるうえで原子力発電は不可欠だと認めている。現実的な環境保護主義者の考え方は、自然資産と自然負債の管理に関する決定はきわめて重要だから夢想家には任せられないとする点で、本書の精神と相通じるものがある。

炭素に一トン当たり四〇ドル前後というシャドープライスが付けられた場合、世界は地球温暖化に効率的に対応し始めるだろう。石炭採掘と一部の重工業は大幅に縮小され、農業も対応が進む。一般の消費者はどうだろうか。全体としては、エネルギー消費を大幅に変える必要はなさそうだ。たとえばフランスでは、電力の大半が原子力で発電されているので、天然ガスと石油に依存するイギリスに比べ、炭素コストの負担は小さい。炭素適応型社会になっても、照明を片っ端から決して回る必要はあるまい。とは言え、一部のエネルギー源には調整が必要である。

最も劇的な変化を迫られるのは、自動車の燃料だろう。石油とは、つまるところ液体になった炭素であるから、何十億台もの車を炭素で走り回らせるわけにはいかない。さいわいにも、炭素に代わる方式はある。非炭素エネルギー源で充電するバッテリーか、エタノールだ。これは純粋に技術の問題である。最近私はブリュッセルで講演を行う機会があった。いささか妙なことに会場は自動車博物館で、かつての技術を駆使したみごとなビンテージカーが陳列されている。名品の数々を見ているうちに私は、二〇世紀に技術がどれほど進歩したかにいまさらながら気づかされた。私が運転しているのはありきたりの車だが、ほんの五〇年前の自動車ショーに出展しても、驚くべき進化だと受け止められただろう。自動車産業は、化石燃料から脱却できるだろうか。もちろんである。技術の選択を左右するのはインセンティブであり、現在は適切なインセンティブが設定されていないために、自動車メーカーは心ならずも略奪マシンの一部と化している。彼らは消費者が買ってくれるから企業として成り立っているが、車が売れるのは、発生する社会的費用を買い手が負担せずに済むからだ。ヨーロッパではすでに消費者に化石燃料を手控えさせるようなインセンティブを設定しており、低炭素社会への調整はあまり苦痛を伴わない形で進むと考えられる。現在の燃料に炭素コストがすでに上乗せされているので、新しい燃料が導入されても、既存品の現行価格より大幅に高くなることはないだろう。一方アメリカの消費者は、社会的費用が反映されていないガソリン価格に慣れ切っている。これはアメリカ人にとってよくないことであるが、しかしエネルギー価格に実態が反映されるようになったら生活水準が大幅に低下するかと言えば、そんなことにはなるまい。アメリカ人はこの点をよく認識する必要がある。

以上のように、一部の産業は他の産業より多くの調整を迫られ、一部の消費者は他の消費者より、一部の国は他の国より多くの調整を迫られる。誰がどの程度調整すべきなのかは、産業や消費者にとって最も効率的な対応を考え抜いたうえで、その国全体の対応策を策定するのが筋だろう。残念ながら、地球温暖化を巡る国際的な政治交渉では、順序が逆になっている。京都会議やコペンハーゲン会議といった大規模な国際会議の席上で、誰が誰にどれだけ払うべきか政府同士が押し問答をしているのである。そうではなく、効率的な対応を原則とするところから出発すべきである。具体的には、炭素のシャドープライスについて国際的な合意を形成し、それに基づいて行動することが望ましい。

産業の移転に伴う排出量分布の変化

炭素の統一的なシャドープライスが設定されたとして、その場合の効率的な対応は、世界中の誰もが同じだけ炭素を排出することではない。経済地理学では、産業は群れ（クラスター）を形成する方が効率的だということが大前提の一つになっている。産業によって、群れを形成する場所は異なる。最もよいのは、原料の買い付けと製品を市場に送り込む費用との兼ね合いを考え、輸送コストが最も小さくなる場所に立地することだろう。炭素排出量は産業によって大幅に異なるので、ある国には生産量に比して排出量の少ない産業が集中し、別の国には逆の排出量の多い産業が集まるといった事態になるかもしれない。ここから、政治にとってはまことに具合が悪いが、経済にとってはきわめて重要な結論が導かれる。すなわち、地球温暖化に対する効率的な対応は、すべての国の国民一人当たり炭素排出量を同一にすることではなく、ある産業の単位産出高当たりの炭素排出量を、その産業の所在地に関わらず同一にすることである。

現時点では、大量の炭素を排出する産業の大半は、富裕国で群れを形成している。しかし産業は移動する。地球温暖化に対する効率的な対応の原則からして、炭素を排出するためだけに産業が移転をもくろむようなインセンティブがあってはならないが、産業が移転を考える正当な理由は、ほかにいくらでもある。ここ数十年、高所得国よりもアジアの新興市場国の方が産業の成長ペースが速いため、それぞれが占める比率は変化している。だがこれからは、比率だけでなく絶対量が変化するだろう。

私は国連工業開発機関（ＵＮＩＤＯ）から依頼を受けて、工業の発展に関する報告書の作成に携わったことがある。データを収集してみて非常に驚いたことの一つは、高所得国の工業生産高が、一〇年単位で見て一貫して減少傾向にあることだった。その一方で、アジアを中心とする開発途上国は拡大基調にある。この二つの対照的な傾向から、高所得国の工業生産高は二〇〇八年にピークに達し、それを境に絶対額が減り始めると推定された。報告書が発表されたのは二〇〇九年三月だが、実際にこのとき既に、高所得国の工業生産高は大幅減を記録している。これはグローバル金融危機が直接の原因ではあるが、工業が先進国から開発途上国に移転するという大きな流れが見落とされやすい。高所得国における工業生産高の落ち込みは、一時的な現象ではないと予想される。危機後に世界の工業生産高が回復する暁には、新たな生産は開発途上国で行われることになるだろう。富裕国の工業生産は、絶対額ベースで減る段階に入っているのだ。今後数十年間は、縮小傾向が続くことになるだろう。きわめて高度なプロセスを要するものは別として、工業一般は主に中所得国で、軽工業は低所得国で群れを形成すると考えられる。その結果、炭素排出量は自動的に開発途上世界に移転する。一方、高所得国では、炭素排出量の少ないサービス産業が中心となるだろう。

同じ害には同じ税金を

では、地球温暖化を最も効率よく解決するには、世界はどうすべきだろうか。たしかに国際的なキャップ・アンド・トレードは、炭素の世界共通価格かそれに類するものを実現することはできるだろう。それが効率的な対応をするうえで必須であることはまちがいない。だがキャップ・アンド・トレードが共通価格を実現する唯一の方法だというわけではない。いやむしろ、政治的に見てきわめて困難な方法となる可能性がある。最も単純にして明快な方法は、各国政府が同一レートの炭素税を課すことである。たとえば一トン当たり四〇ドルではどうだろう。地球温暖化のコストを誰が最終的に負担すべきかは後で悩むことにして、とりあえずいまは、どうすれば効率的に対応できるかにこだわりたい。すべての国の政府が一トン当たり四〇ドルの炭素税を課せば、どの国の産業も消費者も、これをベースに対応することになる。排出の社会的費用を免れようと国外に移転する誘因はなくなるし、責任ある行動をとる消費者がいる傍らで盛大に炭素を排出する消費者がいる、といった事態もなくなるはずだ。

一部の経済学者は、炭素に値段をつけるよりも排出量を直接規制する方式を提唱しており、これがニコラス・スターンの論拠にもなっている。スターンが気候変動に関する業績により多大な影響力を持つことは改めて言うまでもあるまい。スターンの主張を支える理論は、くわしく見て行くと非常に複雑なのであるが、かいつまんで言えば、量的規制と価格による規制をごく単純に区別している。炭素排出による社会的費用はわかっていてもそのときの排出量がわからないケースもあれば、社会的に望ましい排出量はわかっていてもその水準に抑えるための価格付けがわからないケースもある。そこで、社会的費用がわかっているときは炭素税の形で価格を決め、望ましい排出量がわかっているときは排出権の形で量を規制して権利の価格付けは市場に委ねる、という。

だがこれは、一回限りの状況に最も適したやり方である。たとえばローリングストーンズが解散コンサートをするとしよう。売り出すチケットは数千枚と決まっているが、需要がどれほどあるかは誰にもわからない。ここで最も効率的なのは、事前に値段を決めてしまわずに、オークションにかけることである。炭素排出に関して言えば、大幅に減らさなければならないことはわかっているが、それ以外のことは何もわかっていない。いつ技術が進歩し人々の行動が変化するのかも不明だから、適切な炭素排出量が判明するのは遠い将来になるだろう。一方、炭素税方式の場合、もし一トン当たり四〇ドルが高すぎると判明したらそのときに引き下げればよく、低すぎたら引き上げればよい。必然的に調整は段階的に行うことになるので、調整可能な価格を設定することは、調整可能な量を設定するのとほぼ同じ効果を持つ。

炭素のシャドープライスについて全世界が同意するなどということは、政治的に現実性を欠くと退ける向きもあるかもしれない。だがあっさり却下する前に、価格を決める方式は量を決める方式より政治的メリットがはるかに大きいことをぜひとも認識してほしい。世界の排出量合計についてすべての国が合意に達するためには、国別の排出上限に各国が同意しなければならない。これが、各国に排出権を与えて他国と売り買いする国際キャップ・アンド・トレードの大前提である。しかし自然負債には本来的な所有者がいないため、各国の割当を決めるときに依拠できる原則が存在しない。これに対して炭素の統一的なシャドープライスであれば、自然負債の所有者が誰か決める必要はなく、単に統一価格に同意すればよい。量決め方式は、非効率かつ不公平だという根本的な欠点がある。A国で化学品産業の炭素排出の価格がB国より高いとしたら、それは非効率であり、そのせいでA国の化学品産業の労働者が失業しB国の化学品産業で雇用が増えたら、それは不公平である。ここで恩恵を受ける産業は略奪のそしりを免れず、自然負債を増やして自らは利益を上げ、ツケを他人に払わせているることになる。

すべての国が炭素のシャドープライス＝四〇ドルに同意した場合、国レベルではどんな措置がとられるだろうか。一つの可能性として考えられるのは、一トン当たり四〇ドルの炭素税を導入する方法である。これは、最もわかりやすいやり方と言えよう。炭素税を導入しても、必ずしも租税負担がトータルで増えるわけではない。政府にとっては、炭素税を使って歳入を増やす理由は何もないので、炭素税の導入に伴い他の税金を廃止することが可能である。社会にとって好ましくない炭素のようなものに税金をかける方が、社会にとって好ましい労働などに税金をかけるよりも、明らかによいだろう。したがって炭素税による増税分は、所得減税で打ち消せばよろしい。あるいは、とくに敵視されている税金を廃止してもよいだろう。もっとも、シャドープライス＝四〇ドルに同意したからと言って、必ず炭素税を導入しなければならないわけではない。企業や消費者に排出削減義務を守ってもらうには、それぞれの社会にとって都合のよい方法をとってかまわない。中には、直接的な規制の方が課税より容易だというケースもあるだろう。まったく同じ事業活動が、ある国では炭素税を課され、別の国では規制を課されることになっても、両者が同等であるならまったく問題はない。両者が同等かどうかは、驚くほど簡単にわかる。同等であれば、どちらの国でも、産出量一単位当たりの炭素排出量は同じになるはずだ。この原則が受け入れられる限りにおいて、課税方式と規制方式を混在させる選択肢もありうる。たとえばキャップ・アンド・トレードは、国同士の取引よりも国内での取引に使う方が容易である。国内であれば、権利を配分する政治的仕組みがすでに整っているからだ。また州や地方自治体による規制も考えられる。たとえばカリフォルニア州は厳しい排ガス規制を設けてクリーンな車の製造を促している。こうした規制は、産業に明確な目標を与えることになるので、きわめて有効と言える。ヨーロッパでも炭素税、キャップ・アンド・トレード、規制が併存しており、たとえば電球は、いまではエネルギー効率の基準に合格しなければならない。

共通課税の地政学

効果的な対応とはどんなものか、だいたいの感じがつかめたところで、今度はそれを実現するための国際政治について考えてみよう。誰が悪玉で誰が善玉かわかったら、読者はきっと驚くにちがいない。

いま必要なのはグローバルな協力であるが、それがいかにむずかしいかは誰もがよく知っている。ここで重要な問題となるのは、いわゆる「フリーライド」である。地球温暖化によって人類が蒸し焼きになってしまうかどうかは、誰か一人の肩にかかっているのではなく、全員にかかっている。私が自分の排出量を減らしても減らさなくても、他の人の決定に影響をおよぼすことはできない。となれば、賢明な選択は何もしないことになる。みんなが排出量を減らしますように、とひたすら祈っていればよい。みんなが減らせば、たとえ自分は減らさなくても、私は蒸し焼きにならずに済む。逆にみんなが減らさなければ、いくら私が減らしても、結局は蒸し焼きだ。どちらにしても、私は自分の排出量を減らすコストを免れる。

こうしたフリーライド問題の解決でカギを握るのは、政府である。国の中であれば、政府は税と規制を通じて国民に行動の変化を促すことができる。だが炭素排出は地球全体に関わることなので、国同士の交渉のレベルでも、フリーライダーの問題が出現することになる。世界一九四カ国の間では、フリーライドの余地はどっさりある。たとえば、ギニアビサウが自国の排出削減に同意しようがしまいが、世界の排出量にはまったく影響を与えないし、他国の決定を左右することもない。

だが、すべての国がすんなりとフリーライダーになれるわけではない。ここではまず、巨大な二つの国、アメリカと中国を取り上げよう。最近では両国をまとめてG2（Group of Two）と呼ぶこともある。アメリカも中国も、自分たちが合意しなかったら、問題は解決しないことをよく知っている。世界にとって幸いなことに、地球温暖化を防ぐことは両国どちらにとっても利益になる。地球の温暖化が進行したら、フロリダ州は海面下に没し、ヒマラヤの氷河は溶けてしまうだろう。フロリダが水没して海岸沿いの住宅地には保険もかからない状況が差し迫ったら、富裕な住民からの圧力が強まる。二〇〇〇年の大統領選挙では、フロリダ州の一握りの選挙人の投票で勝負が決した。地球温暖化の防止を最優先課題に掲げる候補者と、そんなことはとるに足らない問題だとする候補者の対決で、フロリダの選挙人は後者を選んだのである。だが二〇五〇年になる頃には、地球温暖化はとるに足らない問題だなどと言う大統領候補は、フロリダ州ではまちがいなく負けるだろう。またヒマラヤの氷河が融解した場合、中国に与える影響はすさまじく、やはりフロリダ同様に政治的な大問題となるだろう。

したがって米中両国の政府にとって、協力は大いに意義がある。ブッシュ大統領は二期目の任期満了が近づいた頃、表向きは気候変動の問題を軽視しながらも、ひそかに中国と気候変動を巡る交渉に入ったとされる。これは、当然と言えよう。両国政府は現実を直視する必要に迫られたということである。そして、協力の意志はコペンハーゲンでも表明された。ヨーロッパにとってはまことに無念なことだが、最終案は米中両国の手によってまとめられている。

というわけで、アメリカと中国が悪玉になる可能性は低い。それどころか両国は、他国のフリーライドを食い止めるという課題を共有している。ヨーロッパも悪玉にはなるまい。これまで炭素排出の問題で世界を主導してきたのはヨーロッパであり、中国やアメリカに遅れを取りたくはないはずだ。しかも気候変動への取り組みの大半は欧州連合（ＥＵ）のレベルで行われており、加盟国が個々に対応しているわけではない。ＥＵは全体として見ればきわめて経済規模が大きく、フリーライダーとなりうる可能性は小さい。同様に日本も経済大国であり、かつ責任ある地球市民として行動してきた長い歴史を持っている。

以上のように、Ｇ４すなわちアメリカ、中国、ＥＵ、日本には、責任ある行動をとる誘因が十分にある。ここに、インドを加えてもよかろう。インドもフリーライダーとなるには大きすぎるからである。これまでのところインド政府は、同国の規模から考えて当然引き受けるべき責任への取り組みにいくらか及び腰だった。だがいずれは、世界における役割と責任を引き受けるだろう。しかし、この責任ある国グループをこれ以上増やすのはむずかしそうだ。Ｇ５以外の国はフリーライド戦略をとることが可能であり、すべての国がそうした場合、その結果は悲惨なものとなる。しかも悪いことに、これらの国はただフリーライド戦略をとるだけでなく、他国の努力を台無しにするような行動を仕掛けることが可能だ。ちょうどタックス・ヘブンのように、無制限に炭素を排出してよいカーボン・ヘブンを提供すれば、それぞれの国にとっては利益となる。そうなったら、炭素排出量の多い産業は、カーボン・ヘブンに拠点を移すだろう。すると、G5がいくら排出量を減らしても、地球全体では排出量はいっこうに減らないことになる。その場合には、G5グループの国でさえ、排出削減コストを引き受けようとする政治的意志はあっさり消えてなくなってしまうだろう。かくして世界は、G163による略奪で蒸し焼きとなる。

いま描き出したのは、つまりは鎖の一番弱い環の問題である。どんな解決策も、その効果は最も非協力的な国の行動によって決まってしまう。したがってG5にとっては、いかにうまくアメとムチを組み合わせてG163のフリーライドに対処するか、ということが課題になる。アメとムチは、どの国に対しても同じである必要はない。言うまでもなくG163はムチよりアメの方が好きだが、ムチの方が効果的と考えられる理由は十分にある。アメの問題点は、交渉の余地がひどく広いことだ。G5は手始めに、排出削減コストの全額負担を申し出るつもりでいるかもしれない。これはG163にフリーライドを控えさせるインセンティブとしては、最もコストの低い方法である。だがG163は、自分たちが協力した場合の潜在的な利益は、もっとずっと大きいと気づくはずだ。そう、G5にとっての潜在的な利益は、地球温暖化のコストそのものなのである。言い換えれば、G163にはこの状況につけ込む誘因が働く。いや、問題はそこでは終わらない。鎖の一番弱い環という問題の性質上、各国には「最後に同意する国になってやろう」という誘因も働く。最も頑強に抵抗する国がいわゆるゴネ得をするのであり、粘っていれば、地球温暖化のコストにほぼ匹敵するものを手にすることができる。こうしたわけだから、アメだけで合意を形成するのはむずかしい。

対照的に、フリーライドをすればするほどペナルティーを重くするというムチであれば、多くの国に協力を促すことができる。地球上で自分の国だけがフリーライダーとなり、ムチのコストを一人で引き受けるのは、どの国にとってもまったく好ましくない。

G5にとって排出削減ルールに従うよう最も説得しやすい相手は、最底辺の一〇億人の国々である。これらの国々がルールを遵守するコストは小さいうえ、援助を受ける側であるからだ。そのためこれらの国々は、他国以上によい行いを強要される危険性もある。なにしろG5は、援助の条件として低炭素成長を国家戦略とするよう要求できるのだから。なおここで言う「低炭素成長」とは、炭素一トン当たり四〇ドルのシャドープライスを織り込んだ成長を意味する。低炭素成長戦略では、このレートでの炭素税を課すとか、世界標準の炭素排出基準を定めた法律を施行する、といったことが行われる。G5の要求に実効性を持たせるためには、違反時に援助を打ち切る条項を設け、実際にも想像上でも、違反するより援助を受ける方が得だと思わせる必要がある。しかし援助の歴史からすると、援助側の申し出や脅しは完全には信用されない可能性がある。ルールを守れば追加的な援助を提供すると言っても、あまり信用されず額面通り受け取られないとしたら（その可能性は高い）、多めの援助額を提示する必要もあるだろう。このように最底辺の一〇億人の国々への援助は、可能な限り低炭素成長へのコミットメントと関連づけるとともに、できるだけ手厚くすることが望ましい。問題の規模を考えれば、気候変動のための特別援助基金といったものを設けるような対応ではなく、将来の援助プログラムすべてに低炭素性長政策を組み込むこと、そして援助プログラム自体を強化することが望ましい。事実上すべての経済活動は炭素を排出するので、低炭素成長への切り替えには包括的な取り組みが必要である。援助は賢明かつ寛容でなければならないが、この二つの点は、どちらも今日までの援助に欠けていた（さしあたっては、グローバルな炭素排出基準に従わせる目的で、あるいはフリーライドの恐れのある国に対処する手段として、援助を利用することの倫理的な検討は棚上げとする）。

以上のように、フリーライド問題で主役を演じるのは低所得国ではない。そもそも炭素排出量が多くないうえ、たとえこれらの国々が各国の産業にカーボン・ヘブンを提供すると言ったところで、事業環境を考えたら、たいていの産業が移転に二の足を踏むだろう。この問題のカギを握るのは、新興市場国である。炭素排出量は多く、しかも十分機能するカーボン・ヘブンを提供しうる。そのうえ巨額の援助を受けているわけではない。これらの国に対しては、どのようなムチが有効だろうか。

残念ながら、唯一使える手段は貿易制限だろう。「残念ながら」と言ったのは、貿易制限は政府が安易に使いたがる手段だからである。多くの国は、制限をすれば他国を懲らしめ自国は得をするという都合のよい幻想を抱いている。国際社会は長い年月をかけて、貿易制限の乱発を控えることを学び、その監視を主たる任務とする機関も設置してきた。世界貿易機関（ＷＴＯ）である。ＷＴＯは、二〇〇八年にグローバル金融危機が発生した際に、その威力を発揮した。一九三〇年代の大恐慌のときとは対照的に、各国政府は景気後退に直面しても貿易制限による近隣窮乏化策をとらなかった。だがアメリカ議会が最近気づいたように、世界の排出抑制策に従わない国に対しては、ＷＴＯのルールに違反することなく貿易制限を課すことが可能である。現時点では、ＷＴＯルールで正当化しうる報復関税の水準はあまり高くない。それでも、もし私が中所得国の貿易担当大臣だったら、Ｇ５が自国に対して貿易制限を課す正当な理由を持っていると考えただけで、青ざめることだろう。経済規模がさほど大きくない中所得国に対して貿易制限が発動されたら、たとえば投資が一斉に引き揚げてしまうなど、手痛い打撃となる。貿易制限という脅しは、多くの中所得国にとって効果的なムチとなろう。

援助と貿易制限というアメとムチで、Ｇ１６３の大半にはうまく対処できるだろう。ただし、全部ではない。残るは、援助を受けるほど貧困ではなく、かつ資源輸出が中心で貿易制限の対象とならない国である。基本的には、ロシアや中東といったエネルギー輸出国だ。これらの国は、世界の排出削減が進んだときに最も大きな損害を被る。なぜなら、彼らは炭素輸出国だからである。炭素排出が一トン当たり四〇ドルの社会的費用を伴うようになったら、これらの国々にある化石燃料埋蔵量の価値は激減するだろう。こうした国が気候変動の究極の被害者となるのが、おそらくは倫理的に最も妥当な結果と言えるのかもしれない。すでに述べたように、石油を始めとする天然資源には本来的な所有者はいない。地中に眠る埋蔵量が、その上で暮らしている社会の所有に帰すと見なすのは、社会的な合意（および政治的力関係の現状追認）に過ぎないのである。化石燃料の貴重な埋蔵量の上に乗っかっている社会は、ほんの偶然の成り行きから、自分たちが作り出したわけでもない富を享受してきた。いまその価値が減ったからと言って、不平を言う筋合いではない。

二〇六〇年には原油価格はどうなっているか、ここで考えてみよう。ホテリング・ルールに従えば、枯渇性資源の価格は長期利子率にしたがって累積的に上昇するのだから、その頃には天文学的な値段になっているはずだ。だがそうはなるまい。排出削減ニーズが呼び水となって技術が進歩し、石油の需要は先細りになると考えられる。原子力、太陽エネルギー、バイオ燃料への投資がさかんになってエネルギー価格を押し下げるだろう。いずれにせよ炭素系エネルギーは、クリーン・エネルギーより不人気になる。炭素系エネルギーの輸出国は、世界的な炭素使用制限に従う気はないかもしれないが、かといって資源輸出に依存する限り、他国の行動を阻害することもできない。したがって彼らは、自分たちの輸出品目に対して世界の需要が衰えていくのを見守るほかない被害者ということになる。いざ実際に需要減退に直面したら、これらの国々も産業の多様化への意欲が高まるだろう。そしてそれに成功したとき初めて、貿易制限というムチが効果を発揮するようになる。鎖の一番弱い環の立場を利用して他国の産業を誘致できるようになった瞬間に、貿易制限の脅しが効いてくるからだ。

被害者と悪役

いま描き出したのが、地球温暖化の実際の地政学的構図だと私は考えている。この見方は、現在の国際的議論の潮流に真っ向から反するものだ。コペンハーゲン・サミットで圧倒的に優勢だったのは、大口の炭素排出国であるアメリカと中国が双子の悪役で、開発途上国は、地球温暖化を招いた責任があるわけでもないのに、その深刻な影響に苦しむ被害者だとする見方である。しかしこうした主張は、コペンハーゲン・サミットで無惨な敗北を喫した。

地球温暖化を巡って倫理的な議論になると、悪いのは誰か、ということがまず問題になる。中世キリスト教の神学論になぞらえるなら、罪人探しである。そして罪があるのは産業資本主義だとされる。世界を炭素で汚したのは産業資本主義であるから、いまその償いをせよ、という。こうした倫理観は、富裕国に暮らしながら産業資本主義を憎んでいる人々にとっては天上の音楽のように響く。チャールズ皇太子に代表されるような上流階級の反産業的価値観と、マルクス主義者の反資本主義的価値観とは相性がいい。このような倫理観はまた、最底辺の一〇億人が住む取り残された社会、すなわち産業資本主義を切望しながらも実現できていない社会にとっても魅力的だろう。罪の意識にとらわれ意気消沈した旧宗主国に、「われわれの貧困は欧米の先進国のせいだ」と思い出させる絶好のチャンスだからである。地球温暖化は植民地時代の罪を復活させ、被害者意識を呼び覚ました。気候変動への取り組みは、こうした倫理観の重荷で滞っている。だが重荷を負わせても何の役にも立たない。

複雑に絡まり合った議論を解きほぐすために、ここで一つ思考実験をしてみよう。「北」の住人が一五〇歳まで生きられないのは、アフリカの貧しい農民が栽培するキャッサバ芋がイオンを発生させ、それが赤道の北側の大気を汚染するからだ、という事実を科学者が発見したと仮定する。この発見を根拠に、アフリカの農民に損害賠償を要求することは可能だろうか。答は明らかにノーだ。農民はそんなことは知らなかったのだから、何の責任もない。ではさらに一歩進めて、この科学の発見が広く認められたとしたら、どうすべきだろうか。当然ながらアフリカでは、キャッサバ芋の栽培を打ち切るべきだろう。だが、誰がそのコストを引き受けるのか。アフリカの人々は、大好物の芋を栽培して先進国の住人を死なせるのは代償が大きすぎると考えるべきなのか、それとも先進国の私たちが、殺さないでもらうことと引き換えに補償金を払うべきなのか。この致死性のキャッサバ・イオンの補償を誰が引き受けるべきかが決まったら、同じ原則を地球温暖化にも当てはめればよい。気候変動への取り組みを邪魔している「罪」という重荷は、この問題に内在するのではない。他の問題を巡る議論が持ち込まれたのである。

思考実験をもう一つやってみよう。全世界が欧米と同時に工業化されていたと仮定する。この場合、科学的な知識が進歩して事態を適切に理解する前に、炭素排出量は危険水域を超えてしまっていただろう。気候変動に関する人類の知識がようやく説得力を持つようになったのは二〇〇〇年前後になってからなので、その頃にはもはや手遅れになっていたにちがいない。今度は逆に、世界のどの国も工業化されなかったとしよう。すると人類は地球温暖化とはいまなお無縁だったかもしれないが、このように豊かにもなっていなかっただろう。妥当な結論は、こうだ——痛ましくはあるが、世界の一部だけが工業化されたのは幸運な偶然だったということである。そのおかげで、科学には地球温暖化について理解する時間が与えられ、予防策を講じるのに何とか間に合うことができた。だが世界の工業化がこのように偏って進行した必然の結果として、一部の社会は貧困の中に取り残されてしまった。

最底辺の一〇億人を救わねばならない論拠は、先進国の私たちには与えられたチャンスに恵まれなかった不運ゆえにこの人たちは貧しいのだ、ということである。この論拠は圧倒的に強力だと私には思われる。この人々を救わなければならない理由は、先進国の強欲の犠牲者だからではない。世界のどの国も工業化されていなかったら、繁栄への道も拓かれなかっただろう。逆に世界のどの国も工業化されていたら、今頃人類は蒸し焼きになっていただろう。だが実際には私たちは、低炭素成長をめざした比較的小幅の調整を全人類が行う限りにおいて、世界が工業化を続け繁栄することは完全に実行可能であると知っている。誰も、過去の炭素排出について罪悪感を抱く必要はない。誰も、被害者意識を持つ資格はない。ただ、世界のうちで幸運だった国は、不運だった国に思いをいたすべきである。

世界で最も貧しい国々が気候変動によって最も深刻な影響を被るのは、不運に不運が重なるようなものである。このことも、他の国が手を差し伸べるべきもう一つの強力な根拠となろう。気候変動は、たとえ世界が排出削減の努力をしてももはや避けられない現象であり、最底辺の一〇億人の国々がそれに適応するためのコストは、富裕国が引き受ける覚悟をしなければならない。すでに貧しい国々がさらに残酷な運命にさらされることに対して、富裕国は埋め合わせをすべきであり、これらの国々が今後の排出削減によって被るコストはもちろん、それ以外のコストをも負担することを決意すべきである。そうしない限り、私たちはフリーライド問題で立ち往生したままになるだろう。ただし、こうした行為の動機となるのはあくまでも共感と自己利益であって、過去の責任の償いではない。強化されたクリーン開発メカニズム（CDM）の現行計画は、中国を始めとする新興市場国が排出拡大を脅しの手段として使うのに都合よくできている。だが倫理の面から言えば、新興市場国が先進国に対して主張する根拠は、最底辺の一〇億人の国々に比べるとはるかに弱い。

では、最後の思考実験に移ろう。炭素排出量の多い産業が最終的に中所得国に集結し、高所得国は炭素排出量の少ないサービス業に専念したと仮定する。そして数十年と経たないうちに、これがグローバルな経済活動の配分として最も効率がよいと判明したとしよう。このとき中所得国は高所得国に対し、排出する「権利」の対価を払うべきだろうか。それは、どう考えてもおかしいだろう。だが権利にこだわる議論をしていたら、そういう結論になってしまう。

地球温暖化の問題で重要なのは、過去の「排出の罪」について誰が誰に償いをすべきか、ということではない。未来の低炭素社会のために、できる限り効率的な調整を世界が行うことであり、ここで効率的とは、できるだけ少ないコストで、という意味である。誰が誰に払うかということは、この問題とは完全に別ものである。そしてあらゆる自然の資産と負債がそうであるように、この問題に関しても、炭素という負債の所有者が誰なのか、明確に示してくれるような原則は存在しない。ノーベル賞受賞経済学者のロナルド・コースが提唱した著名な学説は、まさにこの点を明らかにしている。すなわち効率的な結果は、所有権の割り当てとは無関係だというのである。国際的なキャップ・アンド・トレード制度では、国家に炭素排出の権利を認めたため、排出量をどう割り当てるかを巡って国同士の激しい議論を巻き起こす結果となった。これに対して私が提案するのは、税金を組み合わせた統一的な規制の仕組みに各国政府が同意すべきだ、ということである。こうすれば、世界の排出量を安全水準に抑え、かつ社会的費用を免れる目的での産業移転を引き起こさずに済む。

地球上のすべての人に同等の排出権を与えるいわゆる頭割り方式でさえ、不正な操作の対象になりかねない。現実には、そうした排出権で得られる収入は個人でなく政府が受け取ることになるが、政府ならいろいろな手を使って数字を操ることができる。その中で最も害が少ないのは、自国の人口を膨らますやり方である。そんなばかな、と読者は思われたかもしれないが、じつによく似た理由からナイジェリアでまさにそれが起きた。ナイジェリアは連邦制を採っているが、同国で石油が発見されたとき、収入の一部を人口比で州政府に配分しようということになった。そこで人口調査を行う運びとなったのだが、実施は州ごとで、詳細は州政府に任されたのである。その結果、各州の人口は爆発的に増えていることが判明した。どの州も、調査員に数字を膨らませるよう依頼していたからである。

こうしたわけだから、排出権を頭割りで配分することになったら、あやしげな人口調査をする国が少なからず出てくるだろう。

政府が排出権を操作する方法の中で、最も害が大きいのは、経済を破壊してしまうことである。国民がどうしようもなく貧しくなったら、炭素はほとんど排出されない。ジンバブエのムガベ大統領が、どうすれば手際よく経済を破壊できるかを世界に示してくれたことは記憶に新しい。ジンバブエは、いまやほとんど炭素を排出しない。そこで政府は、ジンバブエ国民を代表して、世界の平均的な排出量に相当する権利を受け取れることになる。世界平均とジンバブエの悲しいほど少ない排出量との差を市場で売れば、ムガベ大統領の懐にそっくり転がり込んでくるのだ。かくして政府は、貧困を生み出したことで報酬が得られることになる。

炭素排出量を減らすためには、世界のどの国でも、企業も国民も、同等のインセンティブを与えられるか、あるいは同等の規制を課されるべきである。この原則を受け入れて初めて、私たちは自然資産の所有権を巡る議論を始めることができる。最も賢明なやり方は、政府が国民を代表して炭素排出量をコントロールする権利を持つことである。産業が正当な経済的誘因に従って他国に移転した場合には、炭素排出量も国から国へ移動する。低炭素成長を促進する目的で政府が炭素税を導入した場合には、炭素税収入も国から国へ移動する。これは、実質的に他の自然資産と何ら変わらない。各国が持つ自然資産の価値は、新たな発見があれば変化するし、技術が深化すれば、ある種の資源の価値が高まる一方で、別種の資源は価値が下がる。自然資産のレントが変化するように、炭素のレントも変化する。こうしたわけだから、一度決めたらそれっきりという固定的な権利の割り当ては、しない方がよいのである。炭素排出量は、これからずっと抑制し続けなければならないのだから。

バック・トゥ・ザ・フューチャー

地球温暖化は、重大な分配の問題を表面化させている。その一つは、現在と未来の分配である。炭素は数十年にわたって大気中にとどまるので、長期負債と言うことができる。自然資産の略奪と同様、炭素の過剰な排出は未来を略奪する。すなわち、今日の一人の得は、明日の大勢の大きな損になる。将来世代に対する私たちの責任をどう考えるべきだろうか。ここで再び私たちは、功利主義的倫理観とカストディアンの倫理観の対決に立ち戻る。言い換えれば、集団の幸福のために自己犠牲を払う気高いアリの倫理観と、各世代は他の世代の権利を侵害しない責任を負うという管理者の倫理観の対決である。

最大多数の最大幸福をめざす功利主義の論法で行けば、将来世代が埋め合わせの要求を控えるべき唯一の条件は、彼らが私たちより裕福になることである。富裕な人は一ドル余計にもらっても貧しい人ほどうれしくないとされているので、貧しい現世代を犠牲にしてゆたかな将来世代を助けるのは非効率になる。この条件が満たされない限り、遠い将来の人々にも、いま生きている人と同じ配慮をしなければならない。したがって、今日一兆ドルを投じて炭素排出量を減らし、そのおかげで二二世紀の人々が五兆ドルの損失を回避できるなら、それはたいへん好ましい——未来の人々がひどく裕福であって、彼らにとっての追加的な五兆ドルが、私たちにとっての一兆ドルほどの効用がない場合は別として。遠い将来の人々がまず確実に私たちよりずっと裕福だと見込まれる場合には、功利主義の論法に従えば、未来のゆたかさは現在行動を起こす妨げとなる。しかし実際には、功利主義の枠組みでなされた最近の気候変動に関する研究によれば、いますぐ行動しないと気候変動が深刻化し、将来世代は現世代より貧しくなるとされている。将来の人々が貧しくなるのであれば、将来への移転はより非効率になり、排出削減の賛成論者にとって、功利主義は一段と都合のよい論拠となる。

では、カストディアンの倫理規範から見たら、この問題はちがってくるだろうか。再生可能な自然資産が存在するように、再生可能な自然負債というものがあり、炭素は後者である。私たちはカストディアンの権利として、再生可能な自然資産に関しては、持続可能な程度に収穫を得ることができる。同じように自然負債に関しては、持続可能な程度に、すなわち地球の気候が影響を受けない程度に排出することができる。自然資産の場合もそうだが、カストディアンの責任は、完全な保存をすることではない。私たちは、気候がまったく変動しないように維持する倫理的責任は負っていない。だが、持続可能な水準を超えて炭素を排出する場合には、私たちが将来世代に押し付ける追加的な自然負債と同等の自然資産を残すことによって、将来世代に埋め合わせをしなければならない。私たちには、何の埋め合わせもせずに将来を略奪する権利はない。では炭素の場合には、十分な埋め合わせをするにはどうすればいいだろうか。責任あるカストディアンとしては、将来世代が「はい、それで十分です」と快く言えるような決定を下すべきである。

カストディアンの倫理観が功利主義的倫理観とどうちがうのかを知るために、ここで、将来世代が現世代よりずっと裕福であることが何を意味するのか、考えてみよう。功利主義の論法では、この場合には将来世代は現世代に埋め合わせを要求する根拠が薄弱になる。だが将来世代は、ゆたかになるにつれて価値観がちがってくるだろう。おそらく人工物は潤沢に所有できるので、希少な自然を私たち以上に大切に考え、おだやかな自然の恵みに高い価値を認めるようになるのではないだろうか。

この点を確かめるのに、未来を待つ必要はない。ハイチに行けば、いますぐにわかる。ハイチは暑くて山が多く、きわめて変化に富んだ島国である。この国では人々の所得階層は、住む場所の高度に寸分たがわず一致している。貧困層は山の麓に密集して暮らし、富裕層は涼しい山の上に住んでいる。そして中間層は中間に住んでいるのである。

暑いところでは、涼しい暮らしが贅沢になる。となれば、私たちにとって不幸な推論をせざるを得ない。子孫の世代が私たちよりずっと裕福になった場合、おだやかな気候を私たち以上に重視するだろう、ということである。すると、現世代が排出抑制のコストを引き受けずに炭素を垂れ流す決定を下した場合、当然発生する将来世代への埋め合わせの義務はどうなるだろうか。暑くなった気候を将来世代に押し付ける代償として、私たちは別の財を提供することができるけれども、あいにくなことに将来世代は、人工物ならたくさん持っている。したがって私たちは、「もうそれで十分です」と言ってもらうまでに、おそろしくたくさんのものを差し出さなければならないだろう。

炭素とロブスターはなぜ似ているか

炭素排出を巡る倫理的判断は、ロブスターにいくらか似ている。ロブスターは再生可能な自然資産であり、かつ贅沢品である。カストディアンの倫理規範では、持続可能な収穫量であれば、私たちには将来世代に埋め合わせせずにロブスターを食べる権利がある。しかしそれ以上のロブスターを食べるのは、ひどく高いものにつく。食べてしまった分を将来世代に埋め合わせなければならないが、裕福になった将来世代は、私たち以上にロブスターの価値を評価すると考えられるからだ。同じく炭素の場合にも、将来世代が裕福になればなるほど、現世代が排出削減をする必要性は高まる。

これは、功利主義の論法が意味するところとは、まさに正反対である。功利主義の考え方では、将来世代が裕福になればなるほど、現世代が残すものは少しでよい。とは言えニコラス・スターンを始めとするこの方面の思慮深い専門家が、所得とともに価値観が変化すると認めていることは、ここで付言しておかなければならない。またスターンは功利主義に肩入れしているわけではなく、他の倫理観も理に適うと認めている。それでもなお、排出削減の費用と便益を巡る経済学者の議論は、ほぼ全面的に功利主義的見地から行われている。

私がこれまで熱心に論じてきたカストディアンの倫理規範は多くの環境保護主義者の見方と一致しており、この規範に従うなら、過剰な炭素排出によって地球を温暖化させてはならないことは明白である。温暖化を生じさせるなら、炭素という負債と同等の人工資産を残し、将来世代に埋め合わせをしなければならない。すなわち、将来世代が私たちの行為によって不当な損害を被ったと感じないようになるまで、埋め合わせをする必要がある。だが将来世代はありあまる人工資産に囲まれているだろうから、私たちの持ち合わせているものでは、とうてい埋め合わせできまい。

となれば、私たちの倫理的義務にかなった最もコストのかからない選択肢は、炭素排出量を削減することだと判断できる。功利主義の倫理規範でも同じ結論に達するが、途中のプロセスは異なる。功利主義的倫理観では、気高いアリのように行動することが求められ、遠い将来の世代をも自分たちと同様に大切にしなければならない。だが功利主義経済学者は、一般市民はアリにはほど遠いと考えて失望し、国民の声に耳を貸さないよう政府を説得している。このような市民の軽視は、正しくもなければ必要でもない。なるほど大方の人は気高いアリではないが、しかし経済モデルに出てくるようなごうつくばりでもない。人々は、自然に対する自分たちの権利が人工物に対する権利ほど絶対的でないことをよくわきまえている。ふつうの人々が抱く倫理観は必ずしも略奪につながるのではなく、むしろ自然の秩序回復の基礎となりうる。だがだからと言って、すべてを市民の倫理観に委ねるのは無謀に過ぎる。自然に対するには倫理観だけでは十分ではなく、正しい理解が必要である。自然を巡る誤った思い込みは、おぞましい結果を招きかねない。

第4部　誤解された自然

第10章　自然と飢餓

本書はここまで、自然は市民の価値観にゆだねてよいのだと説いてきた。だが私のこの信頼には、条件がある。問題を引き受ける人々が、それに伴う科学的な問題や経済的な問題について、妥当な範囲で十分な情報を持ち合わせていることである。本書の前半では自然資産の発見から投資にいたる一連の決定を示したが、一般市民の大多数がその決定を正しく下すことの重要性を認識しない限り、最底辺の一〇億人の自然資産は、これからも略奪され続けるだろう。そうした市民がどの国でも大多数を占めるようになるまで、炭素は自然の負債として今後も蓄積されていくだろう。正しい情報の浸透した市民社会は十分に実現可能であるが、放っておいてそうなるわけではない。人間と自然との関わりでは感情的な要素が強いため、人はともすると、一見心地よいがじつは誤った思い込みにとらわれることがある。大勢の誤った思い込み──共同幻想は、やがて破滅的な結果を招く。

二〇〇五年から〇八年にかけて、世界の基礎食料価格は八〇パーセント以上も高騰した。最貧国のスラムでは貧しい家庭の子供たちが飢えかかっており、食料価格の上昇が続くようなら、この子たちは発育障害に陥りかねない。この悲惨な事態は、自然を巡って富裕国に広まりつつある共同幻想に端を発している。本章ではそうした共同幻想を三つ取り上げ、最貧国の子供たちが飢餓に苦しんでいる原因がそこにあることを説明する。

最貧国にとって、食料の値上がりは重大な政治的事件である。最貧国の一般的な家庭における食料は、アメリカの一般家庭における電気やガソリンに相当する。その値段が急騰したのだから、政府が手を打つべきだと国民は考える。そして三〇カ国近くで暴動が起き、ハイチでは政府が倒された。結局グローバル経済危機という手荒な治療法のおかげで価格高騰は鎮静化し、一過性の現象に終わったのであるが、いつも経済危機頼みというわけにもいくまい。食料が値上がりした原因を突き止め、どうすれば再発を防げるか理解する必要がある。

食料危機に対して直ちに講じられた政策対応は、従来各国が採ってきたお粗末な対策を基準にしてもひどく見劣りするもので、隣人窮乏化策、農業補助金の増額要求、現実逃避などが含まれていた。食料輸出国の政府が輸出制限を発動すれば、隣国は窮乏化する。この政策は世界の食料価格を一段と押し上げる一方で、主要生産国に投資意欲を失わせ、本来の目的はまったく果たせていない。また、補助金を狙う連中は、案の定すかさずチャンスを捉えた。たとえばフランスの農業相ミシェル・バルニエは、欧州委員会は共通農業政策に基づいて始まった改革を逆転させるべきだと主張している。さらに、科学的な商業栽培に長いこと嫌悪感を示してきた夢想的な人たちは、食料危機はそうした農業の失敗を示すものだと主張した。彼らは小規模な有機農業への回帰を唱えるが、時代遅れの農業に逆戻りしたら、九〇億に達しようとする人口を養うことはできない。

貧しい人々は次第に自給できなくなるため、安価な食料供給が今後ますます重要になってくる。人口が増えるにつれ、そして地球温暖化により「南」の気候が一層苛酷になるにつれ、南の人々は都会で暮らさざるを得なくなるだろう。未来の人口の多くが住むのは昔懐かしい小さな農家ではなく、沿岸部のメガシティのスラムだ。そうなったら自分で作物を育てることはできず、食料を買うことになる。その値段は国際相場に従う。こうした人々の手の届く値段にする唯一の方法は、大規模に生産することである。農作物を安定的に安価で生産する技術的問題は、必ずや克服できるだろう。だが政治的には猛反対が予想される。

世界の人口を養っていくためには、政治的に困難な三つの対策が必要になってくる。第一に、夢想家の信念とは逆に、商業的農業をもっと拡大しなければならない。土地利用が進んでいない地域では、生産性の高いブラジル型大規模農場が可能だと考えられる。たとえば、ザンビアの国土の半分（四〇万平方キロメートルに達する）は耕作可能であるにもかかわらず、まだ開墾されていない。第二に、またもや夢想家の信念とは逆に、もっと科学を活用する必要がある。ヨーロッパが遺伝子組み換え作物を禁止し、必然的にアフリカもそれに追随したために、需要の拡大ペースが加速しているというのに生産性の上昇ペースは鈍化している。そして第三に、アメリカ人は、バイオ燃料でエネルギー供給を確保できるといった空想的な考えは捨てなければならない。自給自足という魅力的な響きの陰で、補助金を求めるロビー活動が暗躍している。ここで私は政治取引を提案したい。お互いに愚行はやめよう。ヨーロッパは自己破壊的な遺伝子組み換え作物の禁止を撤回し、引き換えにアメリカは自己破壊的なバイオ燃料への補助金を打ち切ってはどうだろう。

なぜ食料価格は上昇したのか

問題の解決策を見つけようとするとき、人は原因を探す。ときにはひどく非現実的に、根本原因まで遡ろうとすることもある。だが問題の原因と、適切かつ実行可能な解決策とが論理的に直結するとは限らない。食料危機は、まさにこのケースに該当する。突然の価格高騰の根本原因は、アジアの驚異的な経済成長だった。世界人口の半分以上を占めるアジアの人々はいまなお貧しく、支出の大半を食料に充てている。その所得が拡大すると、食料需要も拡大した。しかも食べる量が増えただけでなく質が向上し、炭水化物よりタンパク質を摂るようになった。だが牛肉一キロを生産するためには穀物六キロが必要であり、需要がタンパク質へと切り替わると、穀物需要が大幅に増大する。需要は主に所得と価格の変化に応じて変化するが、経験則から言うと食料需要の所得弾力性は低く、所得が二〇パーセント増えても食料需要は一〇パーセント程度しか増えない。すなわち所得弾力性は〇・五である。食料需要の価格弾力性は〇・一程度と、さらに小さい。人は食べなければならないからである。となれば、食料の供給が一定の場合、所得増による一〇パーセントの需要増を抑え込むためには、価格は二倍に上昇する必要がある。この例からわかるように、世界の所得がごく小幅な伸びを示すだけでも、それに応じて供給が増えない限り、価格は大幅に上昇する。

アジアの所得増は、めざましくはあるが、常軌を逸するほどではない。オーストラリアの旱魃が長引くといった供給ショックも、食料価格の高騰を助長した。大気中の炭素濃度が高まれば気候の変動性が増大するので、供給ショックは今後一段とひんぱんに起きるようになるだろう。世界は、需要の容赦ない拡大と、供給の一段の不安定化に直面することになる。

高い食料で痛手を被るのは誰か

貧しい人々全員が食料価格の高騰で痛手を被るわけではない。貧しいながらも農業を営んでいる人々は、おおむね自給自足できる。また食料を売り買いするにしても、彼らが取引する農村地帯の市場はグローバル市場に組み込まれていないことが多く、したがって価格高騰の影響を受けない。また、貧しい農家がグローバル市場に直結した場合でも、恩恵を被る可能性の方が高い。とは言え、うまい話は疑ってかかる必要がある。貧しい農家の大半がほとんどの場合に利益を得るとしても、最も困難な時期、すなわち飢餓の時期には損害を被るのである。国連の世界食糧計画（WFP）は、飢餓に襲われた地域にとって、最後の頼みの綱となるべく設計された制度である。ところが食料価格が大幅に上昇すれば、購買力で見た予算は目減りしてしまう。つまりひどく矛盾したことに、地域的な飢餓に備えたこの国際保険制度それ自体が、世界的な食料不足に対してきわめて脆弱なのである。世界的な食料価格の上昇が農家にとって好ましいのは、豊作のときに限られる。

食料価格の高騰でまちがいなく手痛い目に遭うのは、都市に住む貧困層である。開発途上国の大都市の多くは港湾都市であり、政府が規制しない限り、食料はグローバル市場の価格で売買される。狭いスラムに暮らしている貧しい人々は、自分たちで作物を育てることはできないから、食料を買わざるを得ない。冷酷な必要性の法則により、貧困層の食費が家計に占める割合はきわめて大きく、およそ半分に達する。これに対して高所得層の場合には、一割程度に過ぎない。腹を空かせたスラムの住人は、おとなしく運命を受け入れるようなまねはしない。過去数世紀にわたり、スラムが飢餓に見舞われるたびに暴動が発生し、政治家が大衆煽動を行う格好の場となってきた。食料危機によって、それが再現される恐れがある。

　だがまだ、食物連鎖の最後の環が残っている。都市に住む貧困層の中で、最も食料に恵まれないのは子供たちである。幼児の栄養失調が二年以上にわたって続くと、発育障害を引き起こす。いまでは発育障害が肉体的なものにとどまらず、身長が伸びないだけでなく、精神的な成長も妨げられることがわかっている。しかも発育障害は、あとから取り戻すということができない。一生残るのである。それどころか、一部の研究によれば、子孫の世代にも受け継がれるという。食料価格の高騰が数年も続けば、それが過ぎ去った後も未来の悪夢を招く。その未来は長い。

　世界の食料価格は、何としても引き下げなければならない。問題は、どうやって引き下げるか、ということである。グローバル経済危機が再び起きないとすれば、食料需要の増大に対して打つ手はない。したがって解決は、世界の食料供給を増やすことに尽きる。言うまでもなく食料供給は数十年にわたって増え続けており、人口の伸び率をも上回ってきた。しかしいまはもっとペースを上げ、ここ数十年を上回る勢いで世界の食料生産を増やす必要がある。経済危機後の景気回復期には食料需要が拡大するので、このときに価格を抑えるためには、すぐにも食料供給の大幅拡大を実現しなければならない。とは言え食料危機の「根本原因」は需要の拡大ペースの方が速いことなのだから、急を要する短期的な供給拡大を行ったとしても、継続的な需要の伸びにすぐに追い越されてしまうのは必定である。こうした背景から、食料生産の伸び率を中長期的にも押し上げていく必要がある。

　現在の政策当局は、規制改革、組織改革、技術革新の奨励を通じて食料供給を拡大する能力を持ち合わせている。だがこれらの施策はどれも、三つの共同幻想――世間に広く定着した夢想的な思い込みに阻まれている。これらの重大な勘違いに立ち向かい、撃退しなければならない。

第一の共同幻想——小農礼賛

撃退すべき第一の思い込みは、中流層による小規模な自作農の賛美である。アメリカでもヨーロッパでも中流層のほとんどは都会に住んでいるため、農村の質素な暮らしが憧れの的になってきた。自給自足の田園ライフは、文字通りの意味でも比喩的な意味でも有機的だとして賞賛されており、チャールズ皇太子は熱心な主導者の一人である。文字通りの意味では、有機栽培作物はいまや贅沢品で、高級ブランドと化している。現にチャールズ皇太子自身も、そうしたブランドを一つお持ちだ。そして比喩的な意味では、農村生活は、大規模で無機的な階層組織の対極に位置づけられる。中流階級の多くは、まさにそうした非人間的でストレスの多い組織で働いている。チャールズ皇太子は、伝統的な建築様式を用いた理想の村を建設した。農民はパンダと同じく、保護し保存すべき存在であるらしい。

しかし残念なことに、農民はパンダ同様、自身の再生産には驚くほど関心が薄い。貧しい農村部で狭い田畑を耕す農民は、チャンスさえあれば地元で事務員や工員になろうとするし、子供たちは都会へ行きたがる。なぜなら至福の農村生活は所得水準が低く、不安定で孤独で退屈だからだ。この生活は、何百万人ものふつうの人に経営者であることを強いるが、ほとんどの人は経営には向いていない。繁栄する経済では、例外なく大半の人が賃金労働に従事することを選び、事業経営の心配事や苦労は一部の人に委ねられる。起業家精神を発揮するのは少数派なのだ。農業に嫌気する小さな農家は、正しい。小規模な農業は、現代の農業生産に適していないのである。現代においては規模がモノを言う。技術は絶えず進化し、投資は変動が大きい。消費者の食の好みはめまぐるしく変化し、大手スーパーマーケット・チェーンがすばやく対応していく。そのうえ食品の原産地までのトレーサビリティという困難な目標に向けて、規制や基準は厳格化する傾向にある。こうした最近の動向に適しているのは、大規模な商業組織だ。もちろん、夢想家が理想とする自給自足的耕作に回帰するというなら、そうした大規模組織に出番はない。だが自給自足的な有機農業は贅沢なライフスタイルであり、世界の貧困に対する解決策とはなり得ない。

富裕国では、「フード・マイル」という概念に基づく地域的な自給自足が奨励され、生産地と消費地を最短距離で結ぶのが理想だと考えられている。だが、食料の輸送距離を最小化することにさほどの意義はない。むしろ炭素排出量の観点からすれば、国や地域を問わず最も適した気候の下で栽培し消費地まで運ぶ方が、多くの場合理に適っている。野菜が飛行機で運ばれる図を想像すると、いかにも炭素をまき散らしているようだが、農業において主に炭素を排出するのは耕作であって、輸送ではない。しかもフード・マイルを推進しても炭素排出量は減らないが、最底辺の一〇億人の所得は確実に減る。農村地帯のわずかな雇用を支えているのは、輸出用作物の栽培なのだから。

そのうえ自給自足的な有機農業では、世界が必要とする食料を生産することもできない。仕事に倦み疲れた投資銀行家などは、田舎でちんまり農業にいそしむのもよいだろうが、それでは飢えた大勢の家族を養うことはできない。技術革新や投資や小売りチェーンや規制とうまくやっていけるのは、大規模な組織である。ところが開発機関はここ何年も、小規模農業生産を柱とした農業戦略を押し立ている。このような姿勢は、歴史的発展にまったく逆行するものだ。たとえば、一八世紀のイギリスの経済発展が始まったのは、法律改正によってエンクロージャーが可能になり、大規模な農地開発が行われて生産性が急上昇したからだ、というのが定説になっている。そして現代の研究でもこの定説の正しさが実証されている。にもかかわらず、生産性の向上は一〇—二〇パーセントに過ぎないとして農村開発や食料供給強化の決め手となる商業的農業生産を無視するのは、何か凝り固まった信念があるとしか思えない。

小規模農業の場合、技術革新や規制など先に挙げた要因は個々の地域にとって外部性となり、うまく吸収することができない。これに対して大規模な組織であれば、それらを内部化することができる。なるほどヨーロッパの農業革命では、小さな農家でも大きな農場でも同じようにイノベーションが生まれたし、今日でもたくさんの小さな農家が熱心にイノベーションに取り組んでいる。教育水準が高く裕福な農家は、とくにその傾向が強い。とは言え農業のイノベーションは、地域的な条件にきわめて敏感である。土壌が変化に富んでいて複雑なアフリカでは、なおのことだ。革新的な農家がその地域に合った農業技術を編み出せたとしても、それが他の農家に十分に活用されなかったら、ハイペースの生産性向上は望めまい。これに対する解決策の一つとして、公的資金により研究拠点の広範なネットワークを設置し、各拠点に農業アドバイザーを常駐させる方法がある。こうすれば、小規模農家も助言指導を受けることができる。しかしアフリカでは行政が広い範囲に行き届いておらず、このモデルは成り立っていない。一八世紀のイギリスでは、小規模農業のイノベーションをジェントリ（地主階級）のネットワークが主導し、栽培や交配などの実験結果について情報交換をしていた。だが、そうした仕組みは自然発生的に生まれるものではなく、実際にも大陸欧州では登場しなかった。農業が商業化すれば、イノベーション・ネットワークは出現しやすいと考えられる。

アフリカの自作農業は長い間にどんどん時代遅れになっている。この傾向が続けば、同地の食料輸入は今後四半世紀で二倍になると見込まれる。現に国連食糧農業機関（FAO）は、このところの物価急騰で、肥料の値上がりに対応できないアフリカの小規模農家の生産高は、伸び悩むどころか減るのではないかと懸念している。補助金や低利の融資などでいくらかは解決できるにしても、大規模農業であれば、そもそもそうした問題は発生しなかったはずだ。生産者価格ひいては消費者価格が原価を上回って上昇すれば、生産は増えこそすれ、減りはしない。

成功する農業モデルは、すぐそこにある。高度な技術を駆使したブラジルの大規模なアグリビジネスは、食料が大量生産できることを教えてくれる。ほんの一例を挙げるなら、ある作物を収穫してから次の作物の種を播くまでの期間、すなわち休耕期がわずか三〇分にまで短縮された。だがブラジル・モデルは熱帯雨林の伐採や先住民の移住を伴ったため、多くの人が強い懸念を抱いている。たしかにブラジルの一部地域では商業開発が野放しにされ、好ましくない結果を招いた。だが貧困国の大半では状況が異なり、貴重な森林を伐採する必要はない。多くの場合、単に耕作の仕方がまずいだけである。またブラジル・モデルは、小規模農業にもイノベーションをもたらしうる。たとえばアウトクロッピングや契約農業などがそうだ。前者はアウトソーシングの農地版で、先進国の土地を開発途上国の農業団体に長期リースする。後者は小規模農家が契約で指定された品質の作物を都市部に供給する。生産方式にもよるが、こうしたやり方は農業株式会社方式より効率的かもしれない。

アフリカの農業に関して国際的に評価の高い専門家に、スイスのザンクトガレン大学名誉教授（経済学）ハンス・ビンスワンガーがいる。二〇〇九年にハンスと私はFAOの招きでローマに赴き、大規模な商業的農業と小規模農業について論じることになった。私たち二人は、アフリカの農業の未来は疑問の余地なく商業化にあるという点で一致していた。一致しなかったのは、規模の問題である。ハンスは家族農業を現在より大きな単位に統合する必要はあるとしながらも、家族経営の農業が最も存続可能性が高いという意見だった。一方私は、もっと大規模な農業単位の方が効率的だという意見である。

ハンスも私も比喩を用いて論拠を説明した。ハンスは、農場をレストランになぞらえた。たしかに大規模な食堂やチェーン店なども存在するが、大方のレストランは家族経営である。なぜなら、従業員のモチベーションが高いというメリットがあり、食材の大量調達ができないというデメリットを十分に埋め合わせられるからだ。お客もこうした事情をよく理解しており、家族経営のレストランを支持する。一方、私は農業を小売業にたとえた。アフリカの自作農は、小売業で言えば、アフリカの都市部の路上で見られる物売りと同じである。路上の物売りは未来のない商売で、スーパーマーケットが出現したらたちどころに駆逐されてしまう。スーパーマーケットは技術、資金調達、ロジスティックスに優れており、そのどれをとっても露天商人には太刀打ちできない。

大規模農場は、スーパーマーケットの農業版と言える。技術、資金調達、ロジスティックスのどれもが大きく変化する中、規模がますますモノを言うようになってきた。アフリカの自作農の生産性は数十年にわたって伸びておらず、家族農業と商業的農業との格差は大きく開いている。栽培技術の高度化に伴い、肥料などの投入物の価格は上昇基調にある。製造業であれば、ジャストインタイム方式で原料や部品の在庫費用を抑えることができるが、農業はその性質上播種と収穫の間のタイムラグが大きく、いまや他のどの産業よりも資金集約型となっている。また、ロジスティックスの問題も重要性を増してきた。農作物はもはや主に地元で消費されるのではなく、グローバルに取引されるようになったからである。技術、資金、ロジスティックスはすべて、本質的に規模の経済が成り立つ。

ハンスとは遂に意見の一致を見なかったが、私たちの考えはそう隔たっていないと感じる。家族農業はおそらく生き残るだろう。商業化したり、子供が都会へ行ってしまった隣人の土地を買い取ったりして、農業を続ける。だがそうした農家は、夢想家たちのアイドル、すなわち市場に出すためではなく自給のために耕し、科学に汚染されていない伝統的な有機農法を用いる昔ながらの農夫とは、もはや似ても似つかない。このような家族農業であれば、規模の大きい商業的な農業とも共存できるだろう。彼らは競争し、また協力し合うことができる。たとえば大規模農場は、周辺の小規模農家から生産物を買い取って加工・販売したり、種子や肥料など投入物の購入に融資を提供したりできる。

世界の多くの地域には、大きな企業が適切に管理すれば生産的に活用できる土地がどっさりある。実際にも、ブラジル企業を含む多くの大手が参入に意欲を示している。だが過去四〇年間、アフリカ各国の政府は正反対のアプローチを採用し、商業的な大規模農業生産は縮小されてきた。その根本的な原因は、土地所有権の売買に抵抗感があることだろう。そしてその抵抗感は、アフリカの都市部に経済の活力が乏しいことに由来する。「投資に投資する」ことが行われて来なかったため、アフリカの都市はまともな雇用を創出することができていない。その結果、いまだに土地が突出して重要な資産であり、他に投資の選択肢はほとんどないのが現状である。土地は自然資産であるから、投資によって生み出される他の資産とは異なり、本来的な所有者がいない。この天からの授かり物に、政府が所有権を割り当てている。一方、経済が繁栄している国では、土地はそこまで重要な資産とはみなされていない。土地の所有権は、最初は政府が割り当てるとしても他の資産の所有権と同質のものであり、商業的な取引が可能になっている。

都市の経済が活況に乏しいと雇用も創出されないため、土地を持たない人が大量に出現することになる。これは政治家にとって頭痛の種である。貧困層は、土地を持って落ち着いている方が安全だからだ。ムガベ大統領はそうした不安を利用して、ジンバブエから商業的農業を一掃した。だが植民地時代からの土地所有が非合法だというなら、土地をいったん国有化してから貸し出すのが適切な対応であって、商業農園の生産的な価値を破壊するのは正しい対応とは言えない。ジンバブエを自給自足農業に逆戻りさせたムガベ大統領は、かつては肥沃だった国を食料不足に陥れた。大規模な飢餓をなんとか回避できたのは、国外への移住と食料援助のおかげである。

では、農業の規模はどれだけ大きければよいだろうか。世界的な食料危機を背景に、食料に乏しい一部の国の政府は恐慌を来たし、アフリカに殺到した。政府がパニックに陥ったのは、世界の食料価格の急騰だけが原因ではない。多くの食料輸出国の政府がすかさず輸出禁止を打ち出したことも追い討ちをかけた。こうした輸出禁止措置を見ると、国民を養うという重大事では市場取引に頼れないことがよくわかる。市場での取引関係は、それが最も必要とされるときに、後回しにされてしまう。韓国はマダガスカル政府と契約を結び、大量の農地を九九年のリース契約で借り受けた。このニュースが漏れると国民の反発を買い、クーデターが起きて政府は転覆した。この種の取引は、ほかでも進行中らしい。サウジアラビアはエチオピアの土地を、アラブ首長国連邦はスーダンの土地を買おうとしている。国連は、こうした取引は新種の植民地主義であると批判しているが、この批判が当てはまらない例もある。たとえば二〇〇九年には、リビアがウクライナ（れっきとしたヨーロッパである）の土地一〇万ヘクタールを買い付けている。

私は商業的農業に賛成ではあるが、こうした新種の土地取引が適切なあり方だとは思わない。その背後にある動機は、要するにグローバル市場をバイパスし、そこを経由せずに済まそうという魂胆である。こうした取引はきわめて不透明で、巨額で、かつ期間が長すぎる。これでは、鉱山の試掘権をたった一つの企業に売るのと同じ不利益を被ることになる。土地を大規模な商業生産に適した単位で農地化するのであれば、妥当な数の応札者による入札にかけるべきである。最初の応札者には収益性がまったく見通せないと考えられるので、第一期の入札はごく少数の区画で試してみればよい。応札価格には不確実性が織り込まれるので、当初はかなり低めになることは避けられない。だが最初の開拓者が農地開発のノウハウを学ぶにつれて残りの土地の価値は上がるはずだから、時期をずらして売りに出す方のが賢いやり方である。また、一社が広大な土地を占有し、その地域の雇用を一手に握るような事態は好ましくない。ここで政府には、独占による搾取を防ぐ役割が求められる。食料の大口輸入国の中で、日本はアフリカの土地に押しかけなかった。そして日本政府は主要二〇カ国（G20）に対し、バイパス取引を禁じて世界の食料市場に秩序を回復すべきだと主張している。農地争奪戦のきっかけとなったのは、食料の輸出禁止であるから、規制すべきはそこであり、担当する国際機関は世界貿易機関（WTO）が適切だろう。輸入に関する同様の行為、すなわち輸入禁止や数量制限などは、WTOルールで罰則が規定されている。同じことを輸出にも定めるべきである。

こうした農地争奪戦が鎮静化するとしても、いずれにせよ世界のアグリビジネスは一握りの企業に集中しすぎている。規制が不十分な最貧国の土地に彼らが突然触手を伸ばし、おぞましい事態をいつ招かないとも限らない。しかし商業的な組織が段階的に小規模農家に置き換わっていくようなら、中期的には世界の食料供給は拡大するだろう。

第二の共同幻想――遺伝子組み換え作物の禁止

夢想家が抱く第二の幻想は、科学的な農業に対する不信である。ヨーロッパの人々は農業ロビー団体に操られて不安に駆られ、遺伝子組み換え作物を禁止した。これは、新手の保護主義にほかならない。遺伝子組み換え作物は一九九六年に世界的に導入され、すでに世界の耕地のおよそ一〇パーセント、一億二〇〇〇万ヘクタールで栽培されている。だがヨーロッパで禁止されているため、ヨーロッパとアフリカではほとんど栽培されていない。農業政策の専門家ロバート・パールバーグは、著書『科学に飢えて』の中で、禁止の政治的背景をみごとに分析している。じつは一九九六年には、ヨーロッパは不運にも牛海綿状脳症（BSE）禍に見舞われていた。BSEの悲劇は、イギリスでは公衆衛生局が農業を担当する官庁の中にあり、農業の利益が優先されていたことに遠因がある。政府は当初、イギリスの牛は安全だと消費者を説得しようとした。農業大臣がテレビカメラの前で自分の子供にハンバーグを食べさせた話は有名である。だがこの女の子がハンバーグを食べ終わらぬうちに、大臣は発言を撤回する羽目に陥った。国のあちこちで死亡例が報告されたのである。それも、脳が冒されスポンジ状になってしまうという恐ろしい死に方だった（二〇〇九年一〇月の時点では、BSEがヒトに感染した場合のクロイツフェルト・ヤコブ病による死亡例は、イギリスが一六五人、それ以外が四四人となっている）。

これを受けてヨーロッパでは保護主義的な団体が発言力を増し、イギリスの牛肉の食用禁止を訴えた。BSEは遺伝子組み換え作物とは何の関係もないが、ともかくも禁止の前例が作られたのである。そもそも遺伝子組み換え作物というのは、いかにも事故が起きそうな印象を与える命名であり、やがてフランケン食品と呼ばれるようになった。消費者を使った人体実験というわけである。おまけに遺伝子組み換え作物の基礎となる研究は、モンサントを始めとするアメリカ企業が行ったものだった。そこで予想通りと言うべきか、ヨーロッパの左派は執念深い敵意を燃やす。こうして保護主義と反米主義が結びついたところに、健康問題に神経過敏になり政府の気休めを信用しなくなった消費者が加わって、強力な政治同盟が形成されたのだった。

遺伝子組み換え作物の禁止には根拠がないとする科学的証明が次第に信頼性を高めているにもかかわらず、禁止導入後にこの政治同盟は一段と裾野を広げてきた。最近になって禁止支持者に回った大物は、チャールズ皇太子である。皇太子の意見は、保護主義者、反米主義者、消費者とは異なる見方を代表する点で、重要な意味を持つ。皇太子が遺伝子組み換え作物に反対するのは、幅広く科学的・商業的な農業に反対だからなのである。工業社会に閉じ込められた人々の中に、皇太子の意見に共感する人がいたのは言うまでもない。だが、かつての農村社会を模した皇太子の農場を見ていると、どうしても別のイメージが浮かんできてしまう。それは、マリー・アントワネットがヴェルサイユ宮殿で気晴らしに乳搾りのまねごとをしている姿である。それは心を慰めてくれるかもしれないが、胃を満たすことはできない。

BSE禍の直後に施行された遺伝子組み換え作物の禁止令は、三つの悪影響をもたらしている。第一に、最も明らかな影響は、生産性の伸びを鈍化させたことである。一九九六年の禁止令以前には、ヨーロッパは穀物の収量でアメリカに追随していたのだが、禁止以降は年一―二パーセントずつ減少している。禁止を解除すれば、ヨーロッパの穀物生産量は一五パーセント程度増えるだろう。ヨーロッパは重要な穀物生産地であるだけに、この落ち込みは痛手である。第二に、遺伝子組換食品の市場が閉ざされると、研究が停滞してしまう。研究が実を結ぶまでには長い年月がかかるうえ、その主たる恩恵である食料価格の恒久的な安定は、特許を取って利益を享受できるような性質のものではない。したがって民間の研究を公的資金で補う必要があり、ヨーロッパ各国の政府には、この方面の研究に予算をつけることが望まれる。現状では民間部門に任せきりだが、民間企業の研究予算は、売れる見通しが立つかどうかに左右される。こうしたわけで禁止令は、公的研究のみならず、民間研究の息の根も止めてしまった。

そして第三に、最悪の影響は、アフリカ各国の政府をパニックに陥れ、同じように遺伝子組み換え作物の禁止に走らせたことである（禁止しなかったのは南アフリカだけである）。さもないと、ヨーロッパ市場から閉め出されてしまうと恐れたためだ。こうして、アフリカで栽培されている作物に関して新たな発見があっても市場化の見通しが立たなくなったため、研究も一切行われなくなった。そうなると今度は、アフリカに関係のない遺伝子組み換え作物ばかり開発されているとの批判が出ている。アフリカには、自分で自分の首を絞めるような余裕はない。遺伝子組み換え技術から得られる限りのものを手にしなければならない。過去四〇年間、アフリカの単位面積当たり農業生産性は改善されていない。生産量が増えているのは、耕地面積が増えたからである。だが、いまなおハイペースで増え続ける人口を考えれば、いずれ行き詰まるのは必定である。しかも地球温暖化により気候は一段と苛酷になる見通しだ。気候予測によれば、アフリカの大半で気温が上昇し、半乾燥地帯では乾燥化が進み、降雨量の変動が激しくなって旱魃が起きやすくなるという。アフリカ南部では、主食のトウモロコシの栽培がむずかしくなると考えられる。アフリカ以外の地域では、気候変動は炭素の排出削減の問題と捉えられているが、アフリカでは農業の適応が最大の問題なのである。

アフリカには「緑の革命」が必要だとよく言われる。だが緑の革命で大きな役割を果たすのは、じつは化学肥料である。肥料価格が低水準のときでさえ、アフリカは肥料を十分に投入することができなかった。ましてエネルギー価格高騰の影響で肥料価格が押し上げられたら、アフリカの緑の革命は、肥料という推進力を失ってしまうだろう。人口増と気候の悪化に対抗するためにアフリカが必要とするのは、バイオ革命である。その実現を可能にするのは遺伝子組み換え技術であり、そのためにも研究に潤沢に資金を投じなければならない。アフリカの重要な作物であるキャッサバ芋やヤムイモについては、これまで研究が行われて来なかった。そもそも遺伝子組み換え技術の研究はまだ第一世代にあり、単一遺伝子の導入、すなわちある作物に好ましい特徴をもたらす遺伝子を突き止め、単離し、他の作物に加える段階にとどまっている。だがこの初期段階でさえ、きわめて大きな利益を確実にもたらすと期待できる。トウモロコシは旱魃に強くなり、アフリカに気候の悪化と闘う時間的猶予を与えてくれるだろう。穀物はカビに強くなって、化学肥料の投入量が少なくて済み、貯蔵中の損失も軽減されるはずだ。たとえば芯食虫というその名のごとく芯を食べてしまう害虫のせいで、現在は貯蔵されたトウモロコシの一五―四〇パーセントがやられてしまうが、遺伝子組み換えトウモロコシなら、この害虫に耐性がある。

だからと言って、遺伝子組み換えがアフリカの農業の問題すべてを解決する万能薬というわけではない。それは商業的農業も同じであり、そもそも何にでも効く処方箋は存在しない。だが遺伝子組み換え技術なしに、アフリカの食料生産を人口増加に見合うペースで拡大するのは、絶望的に困難である。アフリカの沿岸部の都市には世界各地から食料が供給されるにしても、アフリカの大半を占める内陸部は、緊急時を除いては、そうはいかない。アフリカとヨーロッパが遺伝子組み換え作物の禁止令を撤廃すれば、世界の食料価格は長期的に押し下げられるだろう。ここに来てアフリカの一部の国では禁止の見直しが行われており、ブルキナファソ、マラウィ、そして最近ではケニアが禁止を撤廃した。

第三の共同幻想――バイオ燃料ブーム

第三の壮大な幻想は、独自の燃料を開発すれば中東石油への依存から脱却できるというアメリカ人の空想物語である。燃料開発は結構なことであるが、穀物から開発すべきではない。穀物からエタノールを作ると、得られるエネルギーとほぼ同等のエネルギーを使ってしまう。この基本的な事実を前にしても、補助金狙いの穀物利益団体は非効率な見苦しい行為をやめようとせず、アメリカの穀物のおよそ三分の一がエネルギーに転換されてきた。この事実からも、市場が価格動向にじつに敏感に反応すること、補助金狙いのロビー団体が恥知らずに力を発揮していることがよくわかる。アメリカがどうしても石油をやめてバイオ燃料に切り替えたいなら、正しい答はブラジルのサトウキビである。こちらの方が、エネルギーの原料として穀物よりはるかに効率がよい。ところがアメリカ政府は、国内生産を保護する目的で現在ブラジル産エタノールの輸入を制限している。これは、背後に保護主義者の画策があることの動かぬ証拠と言えよう。中東石油依存を減らすという健全な目標は、税金をさらに自国農業に投入するという都合のいい目標の犠牲となっている。

大量の穀物をエタノール生産に転用しているのだから、世界の穀物価格に影響を与えたことはまちがいなく、影響がどの程度だったかがしきりに議論されている。ブッシュ政権は当初、価格押し上げ効果は三パーセント程度に過ぎないと主張していたが、世界銀行の調査によれば、もっと大きいという。エタノール開発への補助金が打ち切られれば、食用に供される穀物の供給は増加し、おそらくはただちに価格に影響が表れるはずだ。

政治への期待

三つの共同幻想を撃退する政策、すなわち大規模な商業的農業の拡大、遺伝子組み換え作物の禁止撤廃、エタノール生産への補助金打ち切りは、経済的にも政治的にもよい組み合わせと言える。まず経済的に見ると、生産が増えるタイミングと生産への影響の両方の点で、好ましい。すぐにも効果が期待できるのは、エタノール補助金の打ち切りである。一方、商業的農業生産を拡大すれば、今後一〇年程度で世界の食料生産は数パーセント増えると見込まれる。この両方の施策で、遺伝子組み換え技術が成果を出すまでの時間を稼げるだろう。この種の研究は、着手してから大規模生産に適用できるようになるまでに、およそ一五年かかる。アフリカで商業的な農業生産が普及すれば、アフリカに適した作物の遺伝子組み換え技術の研究が進むと期待できる。その成果は、政治の干渉を受けにくい市場でまず実を結ぶはずだ。アフリカで唯一遺伝子組み換えを禁止しなかった南アフリカで、農業の大半が商業的に行われているのは、けっして偶然ではない。

政治的に見ても、三つの政策は相互補完的と言える。自国でのエネルギー開発、フランケン食品の追放、素朴な農民生活の保存といったことは、どれも典型的なポピュリスト政策である。これらは魅力的かもしれないが、実際には弊害が多い。ぜひとも説得力のある提案で対抗する必要がある。

その一つが、さきほど述べたように、アメリカとヨーロッパが互いに譲歩することである。アメリカは自国内でのエネルギー開発に熱を入れているが、ヨーロッパの遺伝子組み換え作物の禁止には激怒している。これは、もっともなことだ。アメリカ人は、禁止が反米的な保護主義の表れにほかならないと正しく理解している。一方、ヨーロッパの人々はハイテク作物を禁止すれば安心だという錯覚にとらわれているが、アメリカのエタノール補助金には激怒している。これもまた、もっともなことだ。ヨーロッパの人々は、補助金はこのままエネルギーの浪費を続けたいという利己的な欲望（そのせいで地球温暖化が加速したのだ）の表れだと正しく理解している。過去半世紀にわたり、アメリカとヨーロッパは互いに協力するにはどうしたらいいかを学んできた。一九四七年には関税及び貿易に関する一般協定（GATT）が発足し、数十年をかけて工業製品に対する関税の大半が撤廃された。北大西洋条約機構（NATO）は、安全保障に関するパートナー関係を深化させた。そして経済協力開発機構（OECD）は、経済運営に関するパートナー関係を発展させる役割を果たした（国際商取引における外国公務員に対する贈賄の防止は、各国の協力のほんの一例である）。こうした分野で各国の同意を取り付けるむずかしさに比べれば、環境を巡る愚策をお互いに引っ込めようという交渉など、いたって容易に感じられる。ヨーロッパが遺伝子組み換え作物の禁止を撤廃する見返りに、アメリカがエタノール補助金を打ち切ればよいのだ。どちらの側も、現状維持よりは取引した方がましだとして有権者を説得することは、政治的に十分可能であろう。つまりどちらにとっても、この取引は腹立たしくはあるが得になるはずだ。

しかし、商業的・科学的な農業に対する敵意を打破するのはもっとむずかしい。環境保護主義者は、自分たちがほんとうに求めているのは何なのか、いま一度熟考する必要があろう。多くの人が、最貧国の状況に心を痛めている。アメリカでもヨーロッパでも、良識ある数百万の市民が世界の飢餓にショックを受け、飢饉のニュースが報道されるたびに驚くほどの反応がある。貧困への関心が環境への関心と結びつけば、きっと大きな力になるはずだ。このときカストディアンの倫理規範は、自然界に関する政策の土台になると考えられる。

本書の冒頭でも述べたように、望ましいのは環境保護主義者と経済学者が手を組んで自然を活用した開発をめざすことである。そのためには、困難な選択を避けて通るわけにはいかない。前時代的な非科学的・非商業的農業に回帰したのでは、飢餓を撲滅することはできないのである。環境保護主義者は、いま何を優先すべきなのか、もう一度自問してほしい。中には、チャールズ皇太子の掲げるビジョンに共感し、古来のライフスタイルは何が何でも保存しなければならない、と考える向きもあるだろう。私自身、個人的には大いに心を惹かれる。いまの仕事に疲れたら、私もそのライフスタイルを選びたくなるかもしれない。だが発育障害に陥った子供たちの未来を考えたら、その選択はためらわれる。公共政策で最優先すべきは食料供給を拡大することだ、というのが私の考えである。真剣に現実と向き合ったなら、多くの人が意見を共にしてくれると信じる。商業的農業がいかに散文的で夢がないとしても、それが飢えた胃袋を満たす手段の一つであるなら、ぜひとも活用しなければならない。

アメリカの環境保護主義者もまた、不快ではあろうが今一度熟考する必要がある。エネルギー自給に魅力を感じている人たちは、軌道修正をしさえすれば、アメリカを破滅的なエネルギー政策から救える可能性がある。厳しい現実を言おう。アメリカは輸入原油の依存度を引き下げる必要はたしかにあるが、バイオ燃料の増産は正しい対応ではない。アメリカは、端的に言ってエネルギー消費が多すぎる。ヨーロッパもいくらか浪費気味ではあるが、一人当たりのエネルギー消費量はアメリカの半分に収まっており、それでもなお高い生活水準を維持している。アメリカの税制は、単に国民に負担を強いるのではなく、エネルギー消費を抑える方向に切り替えるべきだ。

よい政治家の資質の一つは、ポピュリズムに惑わされないよう市民を導く力を備えていることである。食料危機に取り組むまともな政策をじゃまするのは、まさにポピュリズムの一種にほかならない。欧米の人々にとって、食料価格の高騰は不都合なことではあるが、ポピュリストがよりどころとする三つの共同幻想をすぐに撃破せねばならないほど切迫した事態ではない。だがすでに述べたように、最底辺の一〇億人の国々にとって、これは切迫した事態である。欧米の指導者はそうしたメッセージを発信し、共同歩調をとるべきである。さもないと子供たちは飢え、その未来は深刻に損なわれるだろう。うるわしい幻想を捨てるという苦痛に満ちた作業は、避けて通れないのである。

第5部　自然の秩序

第11章　自然の秩序の回復

原始時代の人々にとって、自然界にあるものの大半は価値がなかった。役に立つものはほんの数種類に過ぎず、それは豊富にあったから、労せず手に入れることができた。いまでは技術の発達のおかげで、自然界で有効活用できるものははるかに多くなったが、その代わり、六〇億人以上の需要を満たさなければならなくなっている。豊富だったものが希少になったのは、自然が縮小したからではなく、人類が活用方法を知ったからである。その結果、有効なルールが存在しないままに、さまざまな形で略奪が起きた。

「自然」の仲間と見なされているものの一部は、すでに適切に保護されている。たとえば養魚場の魚や植林された私有林などがそうだ。これらにはよりよく管理しようというインセンティブが働き、それがまた社会にとっての利益と一致している。だが自然を守る保護網には二種類の大きな綻びがあり、多くのものがそこから抜け落ちてしまう。一つは悪しきガバナンス（統治）が原因で、もう一つは、よいガバナンスが行き届かないことが原因で発生する。わかりやすく言えば、第一のタイプは最底辺の一〇億人の国々で政府や資源監督官庁が引き起こす局地的な綻びであり、第二のタイプは国境を越えて存在する資源に管理がおよばないことが原因となるグローバルな綻びである。

最底辺の一〇億人の国々に存在する枯渇性資源の大半は、国家の発展のために活用されてはいない。その結果将来世代は、略奪されほとんど価値のなくなった自然を受け継ぐことになる。こうして、資源を活用して貧困から脱出するという一度限りのチャンスは、失われてしまう。多くの最貧国の政府は、委ねられた資源をどう管理したのか、国民に対する説明責任を十分に果たしていない。

グローバルな枯渇性資源、たとえば公海上の魚などは、略奪され絶滅の危機に瀕している。その一方で、炭素を始めとする自然の負債は増え続けている。魚を食べるのも、炭素を排出するのも、圧倒的に富裕国の住人である。本書を書くに当たって私は、将来世代にどう思われるだろうか、ということを自問し続けてきた。仮によい政府があったとしても、その統治は国境までしかおよばない。しかし自然資産は国境を越えて存在し、負債は国境を越えて拡がる。どうしたら二つの綻びを塞ぐことができるだろうか。

最貧国の資源を活用するために

まず、第一の綻び、すなわち最底辺の一〇億人の国々における政府の無責任なガバナンスについて論じることにしたい。これは、解決のむずかしい厄介な問題に見える。本書の第2部では、低所得国が資源を活用して繁栄を実現するためには、一連の決定を正しく下さなければならないことを論じた。また、略奪をしたくなる誘因がきわめて強く、しかもその機会がひどく多いため、決定の連鎖は壊れやすいことも実例を挙げて指摘しておいた。自然資産の活用を通じた開発の成否は、鎖の一番弱い環にかかっている。長い鎖のどこかで略奪が勝利したら、全体が失敗に終わってしまう。大切なのは、正しい決定を下すだけでなく、その決定を貫き通すことである。資源収入を投資に回し、それが社会を変えるまでには、少なくとも一世代はかかる。その一世代の間ずっと、社会は略奪の危険にさらされる。

貧困国が自然資産の可能性を賢く活用するには、どうしたらいいだろうか。国際社会は、これらの国の政府に対して何の力も持ち合わせていない。こと自然資産の管理に関する限り、どれほど嘆かわしい政府に対しても、やりたくないことをやらせることはできないのである。たとえばアンゴラ政府は、原油やダイヤモンドをうなるほど持っているのだから、先進国の資金など必要としていない。そうした国が機会を公正に活かす唯一の可能性は、相当数の国民が十分な情報に基づいて、世論を動かせるだけの意見を持つことであろう。つねに社会の圧力にさらされれば、決定の連鎖に沿って正しい決定が下されていくと期待できる。そうした圧力は、選挙という手段以外によっても効果を発揮しうる。市民から尊敬されている社会的ネットワークから、大臣や政府高官が意見を吸い上げるようにすればよい。このネットワークは、すくなくとも自然資産がもたらす機会を理解し、それを実現するうえで政府の決定が果たす役割を認識している必要がある。一つひとつの決定は鎖の弱い環であり、それを正しく下すことがどれほど大切かを大勢の市民が正しく認識するなら、きっと略奪の誘惑に対抗できるだろう。

国際社会は資源富裕国の政府に対して「こうすべきだ」と言うことはできなくても、情報の収集・

提供を通じて堅実な世論形成を後押しすることはできる。その最初の一歩は、資源採掘によって政府が得る収入を公にすることである。小さなNGOグローバル・ウィットネスが始めた「支払い内容公表」運動では、収入報告の自主的な国際基準を世界に先駆けて提案した。この運動が、いまでは採取産業透明性イニシアチブ（EITI）という国際的な組織に発展していることは、すでに述べたとおりである。EITIには政府、採取企業、市民団体などが参加しており、政府がそのまま採用できるような自主報告基準を用意している。EITIは新しい組織だが、すでに三〇カ国以上の政府が採用に踏み切った。このイニシアチブが成功したのは、多くの国で市民団体と政治指導者が協力したからだが、あくまでもリーダーシップをとったのは市民だった。公式記録によると、トニー・ブレア元イギリス首相がヨハネスブルグでの朝食会の際にこの試みを発表したことになっているが、実際にはそうではないらしい。当初はその予定だったが、十分な支持を得られそうもないと懸念したブレアは、朝食会を利用して何か別の話題を取り上げることにしていた。ところが担当者が報道陣に変更を通知するのを忘れたため、イニシアチブは始められたことになり、まちがった報道が世に出たという次第である。このように右往左往した試みでも成功するのだから、何事も不可能ということはない。

EITIはよい出発点ではあるが、けっして終着点ではない。資源収入の流れを公明正大に開示することはもちろん必要だが、それだけでは、自然資産を社会の変革に結びつけるにはまったく不十分である。私は『最底辺の10億人』の中で、天然資源に関する国際憲章の設定を提案した。この憲章は、採掘企業との契約から公共投資にいたるまでの一連の決定の基準を、すべての人に、すなわち一般市民、官僚、閣僚誰にでもわかるような形で明確に定めるものである。

このような分野横断型の問題で国際協調をめざす場合、調整役のできる国際機関のないことが重大な障害となる。国際通貨基金（ＩＭＦ）の財務部は資源管理に関して膨大な資料を作成している部局なので、私はまずＩＭＦのスタッフと一緒に国際憲章のアイデアを検討した。彼らは無念そうに、国際協調のむずかしさはＩＭＦ内部の調整から始まっていると認め、その通り、他の部局の反応は鈍かった。ここから推し量るに、国際協調など初めからあきらめた方がよさそうである。それでも世界各国の研究者、市民、政府担当者から憲章制定を求める声が上がり、資源ブームがピークに近づいた頃にはそうした要求がいっそう強まった。そこで中心となる組織は不在のまま、私たちは非公式のグループで憲章に盛り込む事項の検討を始めたのである。そして骨格に肉付けしていくうちに、数人の集団はノーベル賞受賞経済学者マイケル・スペンスを中心とするチームに編成された。スペンスは「成長と開発に関する委員会」の委員長を務めたことがあり、資源の管理を誤ると成長機会を失うとの意見を共にしている。チームには法律家（学者と実務家）、税務専門家、政治学者を加え、取り組みに最低限必要な専門家をそろえた。

そのうえで私たちは、この問題に関わってくるたくさんの組織や個人、すなわち資源会社、ＮＧＯ、国際機関、政府、学者などから意見を聞いて回った。この過程で一つ大きな発見だったのは、組織も個人も互いに協力するよりはむしろ私たちに協力したがったことである。私たちが吹けば飛ぶような存在だったことが、逆に強みになったのだった。ＥＩＴＩが草の根から始まったことからもわかるように、どうやら現在の国際情勢では、上からのアプローチより下からの方がスムーズに行くらしい。

研究者、実務家、各種団体の間での合意形成は一朝一夕にできるものではなく、ワークショップを重ね、草案を練り、そして発表し検討するという段階を踏まねばならない。その多くにさほど資金はいらないが、憲章が次第に発展して注目を集め始めると、個人の篤志家やNGO、政府などが関心を示すようになった。そして、私たちの独立性が意外な力を秘めていることを認め、口は出さずにお金を出してくれたのである。しかも資源富裕国の政治指導者三人が、憲章の起草委員会に加わることに同意してくれた。元メキシコ大統領で現在はイェール大学教授のエルネスト・セディージョが委員長。このほかの委員は、ナイジェリア中央銀行の終身総裁で、国際的に権威ある年間最優秀中央銀行総裁賞を受賞したことのあるシュクマ・ソルド、そしてロシアの経済改革を主導し、財務相、副首相として辣腕を振るったエゴール・ガイダルである。この錚々たるメンバーに加え、専門的な方面はマイク・スペンスが固めているのだから、組織的な裏付けのなかった憲章にも自ずと権威が備わることになった。

こうして主要事項の合意が形成され、信頼に値する指導者も得たことから、憲章はいよいよ市民に公開される運びとなった。このような場合には国際的なイベントが企画されるのが通例であり、憲章もダカール（アフリカ開発銀行の年次総会）とオスロの二カ所で同時に発表された。アフリカ開銀もノルウェー政府も、二度と再び資源ブームを無駄にしてはならないと強い意気込みを示してくれたが、イベントだけで直接市民に呼びかけるのはむずかしい。だがありがたいことに、かつては小さな集団から世界に向けて発信することなどまず不可能だったのが、いまではインターネットのおかげではるかに容易にできる。憲章の全文は、NaturalResourceCharter.org にて七カ国語で公開中である。現時点では、三つのレベルが用意されている。第一は一二の原則を二分間で概観するもの、第二は市民や報道関係者向けに原則を一つひとつわかりやすく説明するもの、第三は憲章の実施担当者向けにより詳細な注意点を示すもので、さらに深い知識を得るためのガイダンス付きである。ソーシャルネットワーキング・サイトの専用ページなどを介して、市民同士の意見交換も活発に行われている。

新しいコミュニケーション手段の威力をもっとよく知るためには、クレイ・シャーキーが二〇〇九年のTEDで行ったプレゼンテーションをぜひ見てほしい。TEDはカリフォルニア州モントレーで年一回開かれる知的刺激に富んだ講演会で、私はたまたま彼の次に講演をしたため、聴衆として生で聞く幸運に恵まれた。クレイが語るとおり、市民の集団的な力は富裕な民主国家の専売特許ではない。独裁国家でも市民の力は健在である。クレイは、中国を例に挙げた。同国では手抜き工事の学校が地震で倒壊して多くの死者を出したのだが、市民はコミュニケーション技術を駆使して声を上げ、汚職官僚に責任を取らせたのである。こうしたことが中国でできるなら、最底辺の一〇億人の国でもできるはずだ。誤った決定が誰かの注意を引き、他国に追いつくための貴重な機会が失われたことに多くの市民が気づいたなら、大勢の仲間を集めて行動を起こすことができる。これは、かつては望めなかったことだ。市民の力こそ、憲章の基盤である。市民パワーは必ずしも政府の敵ではない。むしろ政府は、国民をポピュリズムから守るために、十分な情報が行き渡った市民社会を必要とする。

憲章は、国際協約に発展する可能性も秘めている。両者のちがいは、協約が政府間協議から生まれるのに対し、憲章はボトムアップでできあがったということにある。地球上の任意の二人は、六人ほどの仲介者を経由して間接的につながっていると言われる（これを「六次の隔たり」と呼ぶ）。そして私たちは人類史上初めて、この隔たりをカバーできるテクノロジーを手にした。『最底辺の10億人』

の読者ネットワークが憲章の制定を後押ししてくれたように、本書の読者がクレイ・シャーキーから学び、社会を変えるアイデアを広めることを願ってやまない。

略奪に加担しない責任

憲章が国際協約に発展したら、長期的にはどんなことが可能になるだろうか。憲章の主たる目的は、言うまでもなく、資源富裕国の市民が自然資産を活用して自国を繁栄に導く手助けをすることである。中には一連の決定をうまく乗り切って目的を達成できる国もあるかもしれないが、失敗を続ける国もあると考えられる。後者については、なぜ失敗したのか、背景にある倫理的問題を白日の下にさらし、資源開発の当事者は個人か集団かを問わず、略奪に加担しうることを明らかにする必要がある。「正規の政府と締結した法的に有効な契約の条項に従った」などという資源会社の弁明は、もはや有効ではない。この会社には、契約締結に当たり、相手の行動を確認するデュー・ディリジェンス（審査）に参加する責任があるからだ。政府高官は自然資産に対して無限の権限を持っているわけではないのだから、彼らに荒っぽい略奪や個人的横領をそそのかしたり手を貸したりしたら、その企業は略奪に加担したことになる。

しかし本書でも指摘したとおり、政府は十分な貯蓄と投資を怠るという形で、ひそやかな略奪を行うこともある。そこで憲章を国際協約に格上げし、政府が将来世代に対する責任を全うしているかどうか、企業が判断できるようにする方法が考えられる。こうすれば、責任を果たさない政府を持つ国で資源開拓を行う企業は、やはり略奪の共犯者ということになる。

この点に関して、富裕国に本社を持つ資源会社の行動は醜悪と言わざるを得ない。私自身も耳にしたが、「もしわれわれを閉め出したら、結局はもっと無責任な企業に仕事をくれてやることになる」というようなことをもっともらしく言う。だが実際には企業も個人と同じく、略奪に加担するかしないか、自ら選択するのである。「もしわれわれが略奪をけしかけなくても、どうせ誰かがやるはずだ」というような釈明は、法廷では何の効力もないし、誰の心も動かすことはできない。略奪に対する現実的で賢い対処法はほかにある。それについては、自然の管理におけるもう一つの綻びへの取り組みを論じる際に、取り上げることにしたい。

国際協調の実現

最底辺の一〇億人の国々では、政府が機能不全に陥っていることが多いが、ともかくも政府は存在する。こうした国では、市民は自国の自然資産の管理について、政府に説明責任を果たさせなければいけない。一方、それ以外のすべての国では、市民は地球上の自然資産と負債について、自国政府に説明責任を果たさせる必要がある。

自然の管理における第二の綻びは、国民国家の上位には政府というものが存在しないことに起因する。したがってこの問題に取り組むに当たっては、政府間の協力に頼らざるを得ない。しかし残念ながら、政府が互いに協力する姿勢は、ここ一〇年間でめっきり見られなくなってしまった。その証拠は、アフガニスタンやイランを巡る政治ニュースではなく、経済に関するニュースの中に見つけることができる。その最たるものが、ドーハ・ラウンドの決裂である。世界各国の政府は、世界貿易機関

(WTO) が開催する貿易自由化交渉(ラウンド)に五〇年にわたって参加してきた。交渉の目的は貿易障壁の削減であり、各ラウンドはおおむね同じような経過をたどって妥結する。自由化による相互利益の可能性が示され、交渉が繰り広げられ、なんとか合意に達するというプロセスで、すべての国が満足できるような結末ではないにしても、必ずなにがしかの進展があった。ところがドーハ・ラウンドは、異例の長期にわたって延々と続けられた末に、初めて決裂に終わってしまった。長い交渉のどこかの時点で、各国政府は道を見失ったらしい。

二〇〇八年のグローバル食料危機の際にも、政府間協力の退化が明らかになった。危機はただちに貿易戦争に発展し、主要穀物輸出国の大半が輸出禁止を打ち出したのである。このため短期的には世界の物価が上昇し、長期的には穀物生産への投資が減少する結果を招いた。

もう一つ、政府間協力が衰えた例を挙げておこう。それは、グローバル金融危機に対するヨーロッパの最初の反応である。危機が発生してすぐ、一部の国は自国の銀行預金を保護するため政府保証をつけた。すると、意図せざる結果とは言え、政府保証のない国の銀行からの預金引き出しを促すことになった。ほんの一〇年前には安定・成長協定を結んでユーロを発足させたヨーロッパが、こうなってしまったのである。

このように協調姿勢が弱まると、各国が協力しないと解決できないような問題が発生したとき、大いに困る。炭素や魚は、こうした問題の一つである。炭素の排出削減や漁獲量の制限は、どの国がやっても他国に等しく価値をもたらすので、どの国も他国の努力にただ乗りしようという気になりやすい。こうして協力が行われないままだと、魚ではなく人間が蒸し焼きになってしまうだろう。

今日では各国の協調的な取り組みが一段と望まれているにもかかわらず、それは一層むずかしくなっている。過去の失敗をすべてブッシュ政権の単独主義的傾向のせいにして、オバマ政権にグローバル・ガバナンス新時代の幕開けを期待する空気があり、国連の権限強化、排出枠割り当て機関の新設、金融システムを監督する国際規制機関の設置などが求められている。だがどれも劇的な効果があるとは思えない。国連の問題一つとっても、そうだ。安全保障理事会の改革は、数十年にわたってその必要性が叫ばれながら、いっこうに進展しない。近隣のライバル国の常任理事国入りを阻止しようとする国が後を絶たないからで、イタリアはドイツを邪魔し、韓国は日本を、インドネシアはインドの行く手を阻んでいる。また、中国を満足させつつ民主主義の原則を貫けるようなグローバル・ガバナンスの新しい仕組みもできていない。ルワンダ大虐殺の際には、国連は「保護する責任（Responsibility to Protect）」という概念の導入にこぎつけ、ある種の極限状態においては、国際社会の保護する責任は国家主権に優先することもありうるとした。とは言え現実には、よからぬ政府が頑強に抵抗するため、実行はむずかしいと思われる。このようにだいぶ前から、国際協調はうまくいっていない。

だが政府間の協調が退化する一方で、クレイ・シャーキーの講演からもわかるように、市民が協力して行動する力は強まっている。オバマの選挙運動などは、その好例と言えよう。グローバルな問題に対しても、市民社会の草の根の協力が政府間協力に取って代わる日が来るのかもしれない。世界中の市民が信頼できる情報を共有して立ち上がったら、その力は、トップダウンの政府間協定に劣らぬ効果を発揮できそうである。

政府間協力に基づく従来のトップダウン方式で漁業権や炭素排出権を各国に割り当てるのは、権利の国際取引市場を発足させることに相当する。だが実際にはさまざまな障害があり、トップダウン方式で政府間の合意を実現するのはむずかしい。まず、これほど貴重な権利を割り当てるのに、恣意や独断を完全に排除した基準というものが存在しない。過去の排出量を基準にすれば富裕国が支持し、将来の排出可能性を基準にすれば新興市場国が支持し、貧困に配慮した基準にすれば最底辺の一〇億人の国々が賛成するだろう。また、権利の割り当てに伴う国際的な所得移転は援助の縮小につながり、これにも手を打つ必要がある。さらにどの国の政府も、ただとなればできるだけ多く獲得しようとあの手この手を繰り出してくるにちがいない。詐欺まがいの行為で権利を得る国が多くなれば、取引市場で権利に大金を払おうという国はなくなってしまうだろう。

これに対して、問題に関する情報を一般市民に提供して取り組むボトムアップのアプローチは、トップダウン方式より有効であることがすでに証明されている。情報共有のスピードが驚異的に加速したことによって、政治を取り巻く環境は激変した。最初はヨーロッパで、続いてアメリカで、炭素排出量を抑制するには何をすればよいか、市民はしっかりと理解している。そして炭素税の導入や排出規制の実施などを求めて政府に圧力をかけた。欧州各国の政府は、そしていまではオバマ政権も、こうした提案を国家プロジェクトとして取り組んでいる。政府が市民の意識を方向付けるのではなく、市民の意識に導かれて政策が立てられたのである。各国の政府が自国の国民に圧力をかけられ、それに適切に対応する限りにおいて、政府間の協力の重要性は相対的にうすれる一方で、協力そのものは容易になる。

グローバルな問題に対しては、各国の市民が同意できることを土台にするアプローチが、最も実行可能性が高い。すでに示唆したように、魚と炭素には別々のアプローチが適切だと私は考えている。公海上の魚を巡る権利は比較的単純であり、しかも炭素と比べればはるかに安価である。第8章で提案したように、公海上の漁業権は国連に委ねて入札に付し、落札代金は国連が管理してはどうか。この提案は、各国の市民が公海上の魚について自国に権利はなく、所有権を持たないものの略奪をしてはならない、と理解していることを前提としている。市民は国境や世代を超えて配慮する聡明さを持ち合わせているのだから、この前提は十分成り立つ。

しかしこのようなアプローチは、炭素にはうまくいかないと考えられる。炭素は地球にとっての負債であるが、排出量は国ごとに把握されており、金額も膨大である。それほど巨額のものを国連に委ねることに大多数の市民が賛成するか、はなはだ疑わしい。しかも高いお金を払って他国の企業や政府からいささかあやしげな免罪符を買うとなれば、なおのことである。その一方で、自国の政府が他国の削減努力にただ乗りしたり、他国の努力を損ねるような行為におよんだりすべきでないことには、どの国の市民も諸手を上げて賛成するだろう。同じ産業活動であれば、それがどこで行われようと、排出した炭素に対して同じ額を払うようにすべきである。どの国の国民も、自国政府が排出削減のいちばん弱い環であってほしくないと思っていることだろう。しかし、ある事業者が炭素排出に対して払うべき相手は、その事業が行われた国の政府であって、支払われたお金を別の国に移転すべき理由は見当たらない。同じ産業活動であれば国がちがっても排出量はおおむね同じであるのに対し、国がちがえば国民一人当たりの排出量は異なる。そのこと自体には何も問題はない。また新興市場国への産業の移転が今後も続くなら、排出パターンは次第に変化するだろう。自然界には、技術の進歩に伴って価値が高まるものもあれば下がるものもあり、有害になるものもあるというふうに、自然負債も自然資産と同じように変化していく。

各国の市民には、炭素排出を国別ではなく産業別で統一的に扱うという原則をぜひ議論してほしい。すでに述べたように、同一の産業に対してある国は炭素税を採用し、ある国は排出規制を採用するかもしれないが、大事なのは両者が等しいことである。そうであれば、アプローチがちがっても、世界全体としての整合性は損なわれない。その一方で、国によって規制基準が緩かったり、炭素税の税率が低かったりすれば、整合性は確保できない。それが不公平であることは万人の目に明らかである。

グローバルな問題に取り組むに当たってカギとなるのは、新しい市民パワーの活用である。このボトムアップのアプローチは、政府間協力を再構築するよりも有望であるし、また政府間協力を容易にすると期待できる。ただしこのアプローチでは、十分な情報に基づいて判断を下す責任が市民の肩にかかってくる。集団幻想に陥ってしまったら、それに基づいて判断するのはナンセンスだ。本書では、市民パワーの有効性とともに危険性も指摘した。たとえば富裕国では自然を牧歌的に美化する傾向があり、それが世界的な食料供給の減少につながった。その最初の犠牲となったのは、最底辺の一〇億人の国で都会に住む貧困層である。責任を伴わない権力は、古来売春婦や政治家や批評家のものとされてきたが、現代では夢想家もそこに加わっている。市民の力は、古き良き時代への郷愁ではなく、倫理と経済の強固な原則に根ざすものでなければならない。

新興市場国がまとまれば、その力はいまやきわめて大きく、彼らの協力なくして自然の資産や負債を管理することは不可能である。仮に富裕国が炭素排出量をゼロに抑えたとしても、新興市場国が排出削減をしなかったら、地球はやはり蒸し焼きになってしまうだろう。富裕国の資源会社が適切にふるまい、最底辺の一〇億人の国で略奪に加担するのをやめたとしたら、今度は新興市場国で活動する企業に責任がかかってくる。そしてこれらの企業に国際的な規範を揺るがす力があることは、すでに実証されている。ギニアでは二〇〇八年一二月にクーデターが発生し、若い大尉が実権を掌握した。この軍事政権はアフリカ連合（AU）に承認されず、事実上各国にボイコットされる。翌年九月、民主制を求めて抗議集会に参加した市民に軍部と治安部隊が発砲し、一五七名が犠牲になった。その翌月に、中国の企業連合がこの政権と七〇億ドルに上る資源掘削契約を結んだのである。これはもう、大々的な略奪にほかならない。

新興市場国は、富裕国の責任を言い募ることをいつまでも逃げ道にするわけにはいかない。富裕国と同じく、新興市場国でも政府に説明責任を果たさせなければならない。多くの新興市場国、とりわけ中国では、市民にそのような経験がほとんどない。だが国境をやすやすと飛び越えてしまう技術の力を使えば、他国の経験から学ぶことができる。国民を一切の情報から遮断できるのは、北朝鮮のような常軌を逸した一握りの国だけである。

富裕国がかつてやったことをわれわれがやってなぜ悪いのか――新興市場国のこの主張がもはや通らないことを、私は本書で示そうと試みた。同じことが、魚でも起きている。魚資源が減って魚を捕る権利の価値が高まったとき、漁業権のあり方は変わった。希少性レントが発生するまでは誰でも自由に魚を捕ってよかったが、権利が貴重なものになったら、そうはいかない。安い自然が豊富にある時代は終わったのである。私たちは、自然が貴重になった時代の世界共通のルールを作る必要がある。

中国であれ、どこの国であれ、市民が政府に規律を守らせる力を持つようになることは確実である。市民のパワーは止められない。自然を管理するカストディアンとしての責任はどの国にも共通すると市民が認めるなら、政府はそれをしなければならない。とは言えどんな力も、しっかりした根拠がなければむなしい。富裕国の市民が現実離れした夢を見る誘惑に迷ってしまったように、新興市場国の市民もさまざまな誘惑に惑わされるだろう。新興市場国の場合、それは夢想的な環境保護主義ではなく、夢想的な国家主義になるのかもしれない。この先に待ち受けるのは、国益を優先する甘い誘惑とカストディアンの倫理規範との闘いである。読者も私と同じくその闘いに参加することになる。耳を傾け、そして声を上げよう。

索　引

【さ】

参考資料について

本書のテーマについての学術的な著作は多い。政治経済的側面についてはマイケル・ロス教授の著作を、気候変動についてはニコラス・スターン卿の著作を、環境と開発の関係についてはパーサ・ダスグプタ教授の著作をお勧めする。

私自身の現在の研究は私のウェブサイト http://users.ox.ac.uk/~econpco に掲載している。

著者（単独）によるもの

"Laws and Codes for the 'Resource Curse,' " *Yale Human Rights and Development Law Journal* (2008) 11: 9–28.

"Principles of Resource Taxation for Low-income Countries," in Philip Daniels, Michael Keen, Charles McPherson et al., eds., *The Taxation of Petroleum and Minerals: Principles, Problems, and Practice,* Routledge, London, 2010.

Lisa Chauvet との共著

"Elections and Economic Policy in Developing Countries," *Economic Policy,* 24 (Issue 59): 509–550.

Benedikt Goderis との共著

"Structural Policies for Shock-prone Developing Countries," *Oxford Economic Papers* (October 2009) 61: 703–726.

"Does Aid Mitigate External Shocks?" *Review of Development Economics,* 13 (3): 429–451.

"Prospects for Commodity Exporters: Hunky Dory or Humpty Dumpty," *World Economics,* 8 (2): 1–15.

"Commodity Prices, Growth and the Natural Resource Curse: Reconciling a Conundrum," CSAE WP.

Anke Hoeffler との共著

"Testing the Neo-con Agenda: Democracy in Resource-rich Societies," *European Economic Review,* 53 (3): 293–308.

"Democracy's Achilles Heel: How to Win an Election without Really Trying," CSAE WPS 2009-8.

John Page との共著

Industrial Development Report 2009, *Breaking In and Moving Up:New Industrial Challenges for the Bottom Billion and the Middle-Income Countries,* 2009, United Nations Industrial Development Organization.

Tony Venables との共著

"Trade and Economic Performance: Does Africa's Fragmentation Matter?"In J. Lin and B. Pleskovic, eds., *Annual World Bank Conference on Development Economics 2009, Global: People, Politics, and Globalization,* World Bank Publications, February 2010.

"Illusory Revenues: Tariffs in Resource-rich and Aid-rich Countries," CEPR Discussion Paper no. 6729. London, Centre for Economic Policy Research, 2009. Forthcoming in the *Journal of Development Economics.*

"International Rules for Trade in Natural Resources," *Journal of Globalization and Development* (2010) 1 (Issue 1): article 8.

Tony Venables、Gordon Conway との共著

"Climate Change and Africa," *Oxford Review of Economic Policy* (2008) 24: 337-353.

Tony Venables、Rick van der Ploeg、Mike Spence との共著

"Managing Resource Revenues in Developing Countries," *IMF Staff Papers,* 2009.

著者略歴

(Paul Collier)

オックスフォード大学教授，同大アフリカ経済研究センター所長．専門は民主主義の政治経済的研究，アフリカの経済成長論，内戦，援助，グローバリゼーション，貧困についての経済学．世界銀行の開発研究グループ・ディレクター，イギリス政府顧問などを歴任．著書『最底辺の 10 億人』(2008)『民主主義がアフリカ経済を殺す』(2010，以上日経 BP 社)．

訳者略歴

村井章子〈むらい・あきこ〉翻訳家．上智大学文学部卒業．訳書　ジョン・スチュワート・ミル『ミル自伝』(2008，みすず書房)，ミルトン・フリードマン『資本主義と自由』(2008)，カーメン・M・ラインハート，ケネス・S・ロゴフ『国家は破綻する』(2011，以上日経 BP 社)，サイモン・ジョンソン，ジェームズ・クワック『国家対巨大銀行』(2011，ダイヤモンド社) 他．

ポール・コリアー
収奪の星
天然資源と貧困削減の経済学
村井章子訳

2012年3月9日　印刷
2012年3月19日　発行

発行所　株式会社 みすず書房
〒113-0033 東京都文京区本郷5丁目32-21
電話 03-3814-0131(営業) 03-3815-9181(編集)
http://www.msz.co.jp

本文印刷所　萩原印刷
扉・表紙・カバー印刷所　栗田印刷
製本所　誠製本

ISBN 978-4-622-07671-1
[しゅうだつのほし]